Fabian Lenk
Tatort Geschichte · Der Mönch ohne Gesicht

Ebenfalls als Taschenbuchausgaben erhältlich:

· Im Schatten der Akropolis
· Spurensuche am Nil
· Verschwörung gegen Hannibal

TATORT
GESCHICHTE

Fabian Lenk

Der Mönch ohne Gesicht

Illustrationen von Christian Zimmer

Zu diesem Buch steht eine Lehrerhandreichung zum
kostenlosen Download bereit unter:
http://www.loewe-verlag.de/paedagogen/handreichungen.de

Für Yannick

FSC
Mix
Produktgruppe aus vorbildlich
bewirtschafteten Wäldern und
anderen kontrollierten Herkünften

Zert.-Nr. SGS-COC-1940
www.fsc.org
© 1996 Forest Stewardship Council

ISBN: 978-3-7855-6462-2
1. Auflage 2008 als Loewe-Taschenbuch
© 2002 Loewe Verlag GmbH, Bindlach
Umschlagillustration: Christian Zimmer
Umschlagfoto: photodisc
Printed in Germany (007)

www.loewe-verlag.de

Inhalt

Der Raub 7
Drei unter Verdacht 18
Nachts auf dem Friedhof 28
Brennende Augen 38
Rätselhafte Zeichen 48
Auf der Lauer.......................... 57
Eine geheimnisvolle Botschaft 67
Jagdzeit auf dem Markt 78
Am Galgenberg 88
Jedem das seine! 101

Lösungen 108
Glossar 110
Zeittafel............................ 112
Karl der Große und seine Zeit 113
Das Reich zur Zeit Karls des Großen 118

Der Raub

Der Dieb sah sich um. Nichts, er war allein. Gut so! Auf Zehenspitzen schlich er weiter, tastete sich durch den kahlen Gang, der zur Schreibstube und zur Bibliothek des karolingischen Reichsklosters führte. Vorsichtig drückte der Mann die Klinke hinunter. Knarzend schwang die schwere Tür auf – der Dieb hielt den Atem an, lauschte. Plötzlich ein Rascheln, nah, gefährlich nah. Der Mann fuhr herum. Angst griff nach seinem Herzen wie eine eiskalte Hand. Panik befiel ihn. Das Geräusch kam vom Boden. Eine Ratte rannte um ihr Leben. Ein schwarzer Schatten folgte ihr in weiten Sätzen. Ein Fauchen, ein klägliches Fiepen. Stille. Auf weichen Pfoten glitt der Kater davon.

Der Dieb lächelte angespannt. Seine Hände zitterten. Er betrat das Skriptorium. Das erste Licht des nahenden Tages fiel zaghaft auf die mächtigen Tische in dem verlassenen Raum. Darauf fanden sich feinste Federn, Tintenfässer, Lineale und Bimssteine zum Glätten des Pergaments. Doch dafür hatte der Dieb keinen Blick. Sein Ziel lag weiter hinten, führte ihn in die Bibliothek. Rasch gelangte er zu den reich verzierten Büchern. Funkelnde Edelsteine und kostbares Blattgold schmückten die Einbände. Der Dieb raffte seine Beute zusammen, schnell, sicher und mit Methode. Er zitterte nicht mehr.

Jakob stöhnte leise. Cicero, Ovid, Vergil. Drei große Namen, drei große Dichter – und drei große Quälgeister. Der Junge saß auf einer harten Bank in der so genannten äußeren Schule des Klosters. Hier wurden die Kinder der Adligen unterrichtet. Jeden Morgen kamen sie von den umliegenden Anwesen in das Kloster. Die innere Schule war den Novizen vorbehalten. Jakobs bester Freund Benedictus, den die meisten Benni nannten, war einer dieser Novizen. Und der musste noch viel mehr pauken. Kanonisches Recht etwa und die sieben freien Künste wie Arithmetik oder Geometrie und Astronomie. Allein diese Wortungetüme ließen Jakob schaudern. Hätte doch Karl der Große niemals die Klöster dazu verpflichtet, Schulen einzurichten!

Jakob, ohnehin zierlich, machte sich so klein es ging auf seiner Bank. Bloß nicht auffallen, bloß nicht drangenommen werden vom strengen Lehrer Udalrich. Der Mönch hatte die Figur eines Weinfasses. Seine helle Stimme passte überhaupt nicht dazu.

Soeben versuchte Udalrich mit mäßigem Erfolg, seinen Schülern die Dichtkunst der Römer einzubläuen. Der Mönch ging die Reihen der Schüler ab, blieb plötzlich stehen, richtete seine kleinen Schweinsäuglein auf eines der Kinder und fragte Vokabeln ab. Und jetzt steuerte der dicke Udalrich geradewegs auf Jakob zu. Der Zehnjährige begann zu schwitzen. Hoffentlich ging das gut! Klein machen, winzig klein ...

„Nun zu dir, Jakob", hörte er den Lehrer. „Sage mir, was bedeutet *ora et labora?*" Ein schiefes Lächeln umspielte die Lippen des runden, gebildeten Mannes.

Jakob sah sich Hilfe suchend um.

„Nun, wird's bald?", fiepte Udalrich. Sein enormer Bauch pumpte unter der Kutte wie ein Blasebalg.

„Tja", begann Jakob unsicher. „Ich glaube, nein, ich bin mir eigentlich ziemlich sicher, dass ..."

„De hoc satis!", brüllte Udalrich. Genug davon!

Der Junge wurde blass. Doch in dieser Sekunde nahte die Rettung – und zwar von draußen. Auf dem staubigen Weg vor der Kirche war ein Tumult ausgebrochen. Eine aufgeregte Menge hatte sich um Theodulf, den Bibliothekar des Klosters, versammelt. Mittendrin sprang der Spaßmacher Liafwin herum.

„Ruhe!", brüllte Udalrich hinaus. „Man versteht ja sein eigenes Geschrei nicht mehr!"

Theodulf kam näher. „Oh, Bruder Udalrich, es ist furchtbar! In die Bibliothek wurde eingebrochen!" Das Reich der Bücher lag nur einen Steinwurf von der Schule entfernt.

Udalrich bekreuzigte sich. Atemlos befahl er den Kindern: „Raus, alle raus! Der Unterricht ist für heute beendet."

Jakob sauste von der Bank. Doch der feiste Mönch erwischte ihn am Hemdkragen und zischte: „Wir zwei werden uns morgen weiter unterhalten. Ora et labora heißt: Bete und arbeite! Das solltest du beherzigen!"

Endlich gelang Jakob die Flucht. Er trat in die warme Herbstsonne hinaus. Rechts von ihm erhoben sich die gewaltigen, spitzgiebeligen Türme des heiligen Michael und des heiligen Gabriel. Immer mehr Menschen umringten inzwischen den jammernden Bibliothekar. Darunter war auch Benni.

„Na, auch Schule aus?", begrüßte Jakob seinen Freund.

„Ja! Zumindest erst einmal", erwiderte der kräftige Junge, der einen halben Kopf größer als Jakob war. „Schau mal, wer da kommt." Benni deutete auf ein barfüßiges Mädchen, das mit einem Hund auf dem Arm neugierig näher kam.

„Hallo, Anna!", rief Jakob und winkte.

„Na, ihr Betbrüder? Was ist denn hier los?" Annas Augen blitzten frech, als sie die Jungen begrüßte.

Benni sah sich um. Es war ihm verboten, sich mit einem Mädchen zu unterhalten. Aber Anna war schon seit vielen Jahren seine Freundin, denn die ärmlichen Bauernhöfe der Eltern lagen nebeneinander. Vor einem halben Jahr war Benni von seinen Eltern dem Kloster übergeben worden. Seitdem gestaltete sich der Kontakt zu Anna, die oft in den Ställen und der Pilgerherberge des Klosters für einen kargen Lohn arbeitete, schwierig. Doch jetzt schenkte den Kindern niemand Beachtung. Alles brüllte durcheinander.

„Es ist eingebrochen worden!", flüsterte der Novize Anna zu. Er deutete auf die Bibliothek.

„Das klingt ja richtig spannend!" Anna setzte den Hund ab. Felix war eine abenteuerliche Mischung. Er hatte kurze, krumme Beine, einen Stummelschwanz, ein schwarzes und ein weißes Ohr. Wären da nicht seine großen braunen Augen gewesen, hätte man ihn hässlich nennen müssen.

In diesem Moment hüpfte der Spaßmacher auf einem Bein an den Kindern vorbei, legte den Kopf schräg und reimte:

„Ein Dieb ging stiften
mit wunderbaren Schriften!"

„Ruhe, der Abt kommt!", rief jemand. Eine Gasse tat sich auf. Richbod schritt heran. Er war ein hagerer, stolzer Mann. Seine Gesichtszüge waren ernst und drückten Entschlossenheit aus. Wie seine Brüder trug er eine einfache Kutte mit Kapuze und Sandalen. Jede Form von Schmuck war den Dienern Gottes untersagt.

„Was ist hier vorgefallen?", fragte Richbod ruhig. Augenblicklich ebbte das Geschrei ab.

Der Bibliothekar blickte zu Boden: „Ein Fenster zur Bibliothek wurde eingeschlagen. Wertvolle Schriften sind verschwunden, Gott steh mir bei!"

Die Miene des Abtes verfinsterte sich: „Etwa auch das Arzneibuch?"

Theodulf nickte stumm.

„Oje", entfuhr es Benni. „Das Buch enthält eine einzigartige Sammlung von Rezepten!"

„*Monasterium sine libris est sicut arbor sine foliis*", murmelte der Abt bestürzt.

„Was hat er gesagt?", fragte Jakob nach.

„Ein Kloster ohne Bücher ist wie ein Baum ohne Blätter, du Schaf. Passt du denn bei Latein nie auf?", lachte Benni. Sein Freund zuckte verlegen mit den Schultern.

„Ausgerechnet jetzt!", rief Richbod. „Kaiser Karl der Große wird uns in vier Tagen besuchen. Natürlich wollte ich ihm unsere einzigartige Bibliothek zeigen, unsere wunderbaren Bücher!" Er wandte sich zu den herbeigelaufenen Schaulustigen: „Geht, lasst uns allein!"

Das Volk gehorchte. Der Abt und eine Reihe von Mönchen blieben vor der Bibliothek zurück und beratschlagten sich.

Die Kinder verdrückten sich in den Schatten des Ärztehauses. An ihnen vorbei strömten Pilger, Studenten, Handwerker, Spielleute, Spaßmacher und Bettler. Sie alle waren gekommen, um Karl dem Großen, der vor neun Monaten im fernen Rom zum Kaiser gekrönt worden war, ihre Aufwartung zu machen.

„Nicht zu fassen. Unser schönes Kloster wird von einem Dieb heimgesucht", seufzte Benni.

„Das Kloster ist nicht nur schön, es ist auch reich", erwiderte Anna. „Und das zieht finstere Gesellen an." Sie spähte um die Ecke: „Fein, die Mönche sind weg. Wir sollten einen Blick auf die Bibliothek werfen!"

„Warum denn das?", fragte Jakob verwundert.

„Die Bücher müssen wieder her, ist doch klar!", rief Anna. „Vielleicht finden wir am Tatort einen Hinweis auf den Dieb, kommt!"

Die Jungen folgten ihr und Felix nur zögernd.

„Viel Zeit hab ich aber nicht", murmelte Benni, „ich muss gleich zum Gottesdienst!"

Kurz darauf standen sie vor der Bibliothek. Eines der kostbaren Fenster war geborsten. Splitter lagen davor im Gras.

„So, jetzt sind wir genauso schlau wie vorher", beschwerten sich Benni und Jakob. Die Kirchturmglocke schlug, und der Novize wandte sich zum Gehen. Der Gottesdienst zur Terz stand an.

„Keineswegs", meinte das Mädchen. „Hier ist etwas faul, wenn ihr mich fragt."

Was ist Anna aufgefallen?

Drei unter Verdacht

Benni hielt inne: „Was meinst du?"

Anna stützte die dünnen Arme in die Seite: „Das sieht man doch. Hier – die Glassplitter. Wenn das Fenster von außen eingeschlagen worden wäre, hätten die Splitter doch innen liegen müssen! Tun sie aber nicht."

Jakobs Gesicht war ein einziges Fragezeichen: „Und was schließt du daraus?"

„Der Täter hatte ungehinderten Zugang zur Bibliothek. Er hat das Fenster von innen eingeschlagen, um eine falsche Spur zu legen", erklärte das Mädchen aufgeregt.

„Das klingt reichlich abenteuerlich", argwöhnte der Novize. „Demnach müsste er einen Komplizen im Kloster gehabt haben, der ihm aufsperrte. Das glaube ich nicht. Und jetzt muss ich endlich los! Ich komme sonst zu spät." Er sauste zur Kirche.

Jakob klopfte Anna spielerisch auf die Schulter: „He, das war nicht schlecht. Hätte glatt von mir sein können. Was schlägst du vor? Sollen wir den Abt benachrichtigen?"

„Lieber nicht. Der hält uns für verrückt. Wir brauchen noch mehr Hinweise."

„Ja, vielleicht hat jemand etwas beobachtet. Wir müssen die Leute befragen, die in der Nähe waren, als es passierte."

Jakob, Anna und Felix mischten sich unter das Volk. Das Kloster glich mit seinen Werkstätten, Ställen, Scheunen, der Herberge, dem Krankenhaus und den Gärten einer kleinen Stadt. Seit bekannt war, dass Karl der Große kommen würde, schien es, als läge das ganze Kloster im Fieber. Ochsen- und Pferdekarren schoben sich durch die Menschenmengen. Fliegende Händler errichteten ihre Stände. Akrobaten zeigten ihr Können, Bänkelsänger erhoben ihre Stimmen. Und überall sah man Mönche und Wachen, die vergeblich nach den Büchern und dem Dieb fahndeten.

Felix rannte, die Nase dicht am Boden, bellend herum. Sein Stummelschwänzchen wedelte wie aufgezogen. Fast wäre der kleine Hund unter die Räder eines Pferdegespanns gekommen. Der Bauer, der neben dem Gespann ging, schlug mit einem Stock nach dem kleinen Hund, ohne ihn jedoch zu treffen.

„Nehmt das hässliche Vieh da weg!", keifte der Mann.

„Hässlich? Das hätten Sie nicht sagen dürfen!", lachte Anna. Schon zwickte Felix den Bauern in die Wade.

Der Mann brüllte auf, schlug wieder nach dem Hund, aber der war viel zu schnell für ihn.

„Hässlich darf man Felix nicht nennen, da beißt er immer zu!", meinte das Mädchen.

Der Bauer drohte ihr mit dem Knüppel, zog jedoch weiter zu einem Händler, der Obst und Gemüse feilbot.

„Siehst du den Stand?", fragte Jakob. „Der steht der Bibliothek am nächsten. Vielleicht hat der Händler etwas bemerkt."

Sie warteten, bis der Bauer verschwunden war, und traten an den Stand heran. Der Händler war ein hagerer Mann mit einer Hakennase. Er trug elegante, knielange Hosen aus Leinen, einen hemdartig geschnittenen Kittel, Wadenbinden aus Stoff und Bundschuhe. Misstrauisch beäugte er die Kinder. Vor allem Anna in ihrem einfachen, ärmellosen Hemdrock. „Was wollt ihr?", fragte der Händler ungehalten.

„Etwas kaufen!", sagte Jakob schnell. Er zog einen kleinen Beutel hervor und ließ die Münzen klimpern.

Der Mann lächelte plötzlich freundlich: „Stets zu Diensten." Er deutete eine Verbeugung an.

„Wir brauchen eigentlich kein Obst oder Gemüse, auch wenn Ihres sehr gut aussieht", begann Jakob umständlich. „Wir sind eher auf der Suche nach ..."

„Wir wollen wissen, ob Sie etwas von dem Diebstahl in der Bibliothek bemerkt haben. Ist Ihnen etwas Ungewöhnliches aufgefallen?", unterbrach Anna ihren Freund.

Der Händler verschränkte die Arme vor der Brust: „Was geht das euch Rotznasen an? Wollt ihr nun etwas kaufen oder nicht?"

Jakob griff nach ein paar Äpfeln und reichte sie dem Mann, damit er sie abwiegen konnte. „Also, haben Sie was bemerkt?"

Der Händler kniff die Augen zusammen: „Eigentlich nicht." Er kratzte sich hinter dem Ohr. „Doch, halt. Mir fiel ein Reiter auf, der in vollem Galopp an meinem Stand vorbeistob. Aber das habe ich den Wachen auch schon gesagt."

Die Augen der Kinder wurden groß. Anna fragte: „Wie sah der Reiter aus? Hatte er etwas dabei?"

„Ein kleiner, dicker Mann mit einem Hut. Er trug einen Sack über der Schulter. Sein Pferd war ein Fuchs, daran erinnere ich mich." Der Händler reichte den beiden die Früchte und nahm das Geld in Empfang. „Verschwindet jetzt endlich! Ich weiß sonst nichts."

Anna und Jakob gehorchten. Ein paar Meter weiter bissen sie in die Äpfel.

„Hm, lecker!" Anna gab ihrem Hund ein Stück. Zu Jakob meinte sie: „Wir sollten uns weiter umhören. Der Anfang war doch viel versprechend. Ein Reiter mit einem Sack, der es verdächtig eilig hatte!"

„Gut", meinte der Junge. „Wie wär's mit dem Bettler da?" Jakob zeigte auf einen alten Mann, der in der Nähe der Sakristei unter einem Baum hockte. „Vielleicht war der ja schon heute Morgen hier."

Das Haar des Bettlers war grau und verfilzt, die Kleidung bestand aus Lumpen. Der Alte blickte langsam auf, als der Schatten der Kinder auf ihn fiel. Der Mann hatte nur noch ein Auge, mit dem er sie scharf musterte. Müde sprach er zu dem Jungen: „Habt Ihr, junger Herr, ein Almosen? Seid barmherzig!"

„Vielleicht", gab Jakob zurück. „Beantworte mir erst eine Frage. Seit wann hockst du hier?"

„Vielleicht schon eine Ewigkeit." Der Bettler lachte hohl. „Nein, Unsinn. Es sind sicher schon zwei, drei Tage. Aber Zeit spielt für mich keine Rolle, wisst Ihr?"

„Erinnere dich: Ist dir heute etwas Merkwürdiges aufgefallen?" Der Junge warf dem Bettler eine Münze zu.

Geschickt fing sie der alte Mann auf: „Ja, dieses laute Krachen. Ein Splittern. Davon bin ich aufgewacht. Kurz danach kam ein schwer beladener Wagen vorbei."

„Ein Wagen?", mischte sich Anna ein. „Erzähle!"

Der Bettler zuckte mit den Schultern. „Ein Karren eben. Hoch beladen. Eine Plane war darüber. Ich konnte nichts weiter erkennen. Zwei Männer saßen auf dem Bock. Sie schlugen auf die Pferde ein, weil es ihnen wohl nicht schnell genug vorwärts ging."

Anna und Jakob drangen weiter auf den Bettler ein, erfuhren aber nichts mehr. Als Nächstes befragten sie eine runde Frau, die Kräuter anpries. Felix schnüffelte interessiert.

„Fort mit dir!", schimpfte die Frau. „Du schreckliches, häss..."

„Nennen Sie ihn bloß nicht hässlich!", warnte Anna schnell. „Das kann üble Folgen haben." Felix hatte schon den Kopf gehoben und knurrte.

Mit Jakobs Geld kauften die beiden der Frau ein Säckchen mit Salbei ab. Es gelang Anna, die Händlerin in ein Gespräch zu verwickeln. Nein, etwas Besonderes habe sie nicht bemerkt, sagte die Kräuterfrau. Etwas ärgerlich schloss sie: „Sieht man einmal von einem Mönch ab, der mich in der Morgendämmerung fast über den Haufen geritten hätte. Er saß

auf einem kräftigen Rappen. Die Kapuze hatte er tief ins Gesicht gezogen, sodass ich sein Gesicht nicht erkennen konnte. Außerdem trug er eine goldene Kette." Sie seufzte: „Manchmal glaube ich, dass die Zeiten immer gottloser werden."

Nachdenklich gingen die Freunde weiter.

Anna war unzufrieden: „Sollen wir noch weitermachen? Die Aussagen haben uns nicht geholfen, oder?"

Jakob antwortete nicht. Zu tief war er in Gedanken versunken.

„He, was ist los mit dir?", fragte Anna. Sie knuffte Jakob in die Seite. „Redest du nicht mehr mit mir?"

„Psst!", machte Jakob. Plötzlich ballte er die Fäuste: „Von wegen, die Befragungen haben uns nicht weitergebracht. Es gab sehr wohl einen entscheidenden Hinweis!"

 Welche Aussage enthielt einen Hinweis?

Nachts auf dem Friedhof

„Ein Mönch mit einer Kette – das hätte mir eigentlich auch auffallen müssen", meinte Anna, nachdem Jakob mit seiner Erklärung fertig war. „Mönche dürfen doch keinen Schmuck tragen!"

„Genau, wir haben es mit einem falschen Mönch zu tun!", rief Jakob. „Er hat sich ins Kloster eingeschlichen und die Bücher gestohlen."

Plötzlich stand Angst in den Augen des Mädchens. „Die Kräuterfrau sagte, dass der Mann die Kapuze tief hinabgezogen hatte. Meinst du, wir haben es mit dem *Mönch ohne Gesicht* zu tun?"

Jakob erschrak. Der Mönch ohne Gesicht trieb seit Jahren sein Unwesen im Reich Karls des Großen. Auf seinen Kopf war eine hohe Belohnung ausgesetzt. Niemand hatte bisher sein Antlitz erblicken können – und so war der Mönch ohne Gesicht zu seinem Namen gekommen, den das Volk vor lauter Angst nur hinter vorgehaltener Hand auszusprechen wagte.

„Wir müssen unbedingt Benni informieren", meinte Jakob. „Wenn sich nun der Mönch ohne Gesicht ins Kloster eingeschlichen hat?"

„Ja", pflichtete ihm Anna bei. Viele Bereiche des Klosters waren allein den Mönchen und Novizen vorbehalten. Benni würde die Augen aufhalten müssen.

„Kannst du ihn nach dem Gottesdienst abfangen?", fragte Anna. „Ich muss nach Hause. Ich habe versprochen, meinem Vater beim Schweinehüten zu helfen. Er treibt sie heute in die Wälder zur Eichelmast."

„Auch ich müsste mich eigentlich beeilen. Mein Vater wird mich schlagen, wenn ich nicht bald aufkreuze", befürchtete Jakob. „Aber gut, ich werde auf Benni warten!"

Benni war ebenso entsetzt, als er vom Verdacht der Freunde hörte. Er versprach, auf der Hut zu sein.

„*Valde bona!*", rief Jakob. Sehr gut!

„He, hast du etwa einmal in Latein aufgepasst?", lachte der Novize.

„Tja, dafür sorgt der dicke Udalrich schon!", gab der Freund zurück. „Ich muss heim. Halte du die Augen auf. Bis morgen!"

Das Leben der Mönche und Novizen war mit Beten und Arbeiten erfüllt. Bis zu acht Stunden verbrachten sie in Sommer und Herbst auf den Feldern. Hinzu kam die geistige Arbeit wie das Lesen von heiligen Schriften oder das Kopieren bedeutender Bücher.

Mehrfach am Tag kamen die rund einhundert Glaubensbrüder zu Gottesdiensten in der Kirche zusammen. Ausgenommen waren nur die Mönche, die weit draußen auf den Feldern arbeiteten. Sie erhielten vom Abt die Erlaubnis, den Gottesdienst vor Ort zu feiern, indem sie ihre Knie in Ehrfurcht vor dem Herrn beugten.

Der Tag war derart mit Pflichten gefüllt, dass Benni kaum die Möglichkeit hatte, seinem geheimen Auftrag nachzugehen. Dennoch – jedes Gesicht musterte der Junge scharf. Einen fremden Mönch konnte er nicht ausmachen. Das sollte sich bald ändern. Doch das konnte Benni nicht ahnen, als er nach der Komplet, dem Nachtgebet, hundemüde auf die Binsenmatte seines Bettes fiel. Der Novize schlief unruhig, er träumte vom Mönch ohne Gesicht.

Der Dieb saß auf einem schnaubenden Pferd. In der einen Hand hielt er das Arzneibuch des Klosters, in der anderen ein brennendes Holzscheit. Mit einem teuflischen Lachen zündete der Mönch ohne Gesicht das Buch an. Verzweifelt versuchte Benni, die Schrift zu retten, doch es war umsonst. In seiner Wut riss er dem Dieb die Kapuze vom Kopf: Darunter war ein Totenkopf, in dessen leeren Augenhöhlen das ewige Feuer der Verdammnis glomm.

Um zwei Uhr morgens wurde Benni unsanft geweckt. Ein Mönch lief durch das im ersten Stock gelegene Dormitorium und schwang ein Glöckchen mit einem feinen wie hartnäckigen Klang. Es war Zeit, am Nachtgottesdienst Mette teilzunehmen. Müde erhob sich der Junge. Er lief aus dem Schlafsaal die Treppe hinab und kam am Wärmeraum vorbei. Das war der einzige Raum, der im Winter beheizt werden konnte. Mit den anderen ging er durch den Kreuzgang zur Klosterkirche.

Dort bestiegen zwei Mönche die Kanzel und sangen einen Psalm. Feierlich und glasklar, rein und schön füllten ihre tiefen Stimmen die Kirche. Benni beobachtete die Glaubensbrüder im Chorgestühl. Die Mönche sahen fast alle gleich aus in ihren Kutten und Kapuzen. Dunkle Schatten, kaum erhellt vom unheimlichen Schein der Fackeln. Angst stieg in Benni auf. Wieder sah er die leeren Augenhöhlen des Totenkopfes vor sich. Das brennende Buch ...

Waren sie unter sich, rasten Bennis Gedanken weiter, oder hatte sich der Mönch ohne Gesicht in ihre Gemeinschaft eingeschlichen? Nein, vermutlich spielte ihm seine Fantasie einen Streich – oder etwa doch nicht? Unsicherheit und Furcht fraßen sich in das Gefühl des Vertrauens, das er in diesen Mauern immer empfunden hatte. Der Novize versuchte, sich auf den Gottesdienst zu konzentrieren.

Es folgten Lesungen aus der Heiligen Schrift und weitere Gebete. Zum Schluss sangen alle feierlich das Tedeum und gingen zurück in ihre Schlafräume. Benni war gerade im Kreuzgang, als er plötzlich stutzte. Denn während alle dem Dormitorium zustrebten, verschwand einer der Mönche plötzlich Richtung Speisesaal in der Finsternis. Der Novize zögerte – sollte er dem Mann folgen? Zu dumm, dass er das Gesicht des Bruders nicht erkannt hatte.

Doch seine Neugier war stärker als die Angst, und Benni folgte dem Unbekannten. Der Mönch war am Speisesaal vorbeigegangen und steuerte nun auf das Badehaus zu. Benni rannte hinterher, spähte um die Ecke. Der Mönch lief zügig Richtung Friedhof. Der Novize hielt gebührenden Abstand. Jetzt verschwand der Unbekannte zwischen den Bäumen, die die Grabstellen säumten. Dem Jungen fuhr der Schreck in die Glieder: Was wollte der Mönch dort in der Nacht? Mit klopfendem Herzen schlich Benni weiter. Plötzlich hörte er ein Flüstern. Ein unterdrücktes Lachen. Vorsichtig bog Benni die Zweige eines Strauches auseinander. Da war der Mönch! Groß ragte seine Gestalt im fahlen Mondlicht auf. Er war in ein Gespräch mit einem anderen Mönch vertieft. Beide standen mit dem Rücken zu Benni an einem Grab.

Unmöglich zu erkennen, um wen es sich bei den Männern handelte! Atemlos lauschte der Novize, konnte aber kein Wort verstehen. Etwas flatterte dicht an Bennis Kopf vorbei, der Junge stieß einen leisen Schrei aus.

Die Mönche fuhren herum, der Junge warf sich flach auf den Bauch. Schritte wurden laut, kamen direkt auf ihn zu. Benni schloss die Augen und betete, dass sie ihn nicht fanden. Ärgerliches Gemurmel, dann entfernten sich die Schritte. Erst nach einigen Sekunden wagte der Novize, den Kopf zu heben. Zwei dunkle Gestalten verließen gerade den Friedhof. Benni rappelte sich hoch. Er nahm all seinen

Mut zusammen und sauste hinterher. Am Friedhofseingang trennten sich die Männer: Der eine wählte den Weg geradeaus zum Dormitorium, der andere hielt sich in südliche Richtung. Der Novize überlegte einen Moment – wem sollte er folgen? Er schlug den südlichen Weg ein.

Der Verdächtige begann mit einem Mal zu rennen. Er bog an der Latrine nach Westen ab. Benni kam schwitzend nach. Der seltsame Mönch nahm den zweiten Weg links und stürmte an der ersten Abzweigung nach rechts. Der Novize hatte Schwierigkeiten, dem Fremden zu folgen. Der Mann lief nun ein Stück geradeaus, überquerte eine Kreuzung und wandte sich danach Richtung Norden. Er war in eine schmale Gasse eingebogen. Abermals ging die Jagd ein Stück geradeaus. Der Mann in der Kutte vergrößerte den Vorsprung gegenüber seinem Verfolger. Gerade noch sah Benni, wie der Mann in dem Gebäude verschwand, das am Ende des Weges lag. Keuchend lehnte sich der Junge gegen eine kühle Mauer. Sein Puls hämmerte. Vor Aufregung, vor Angst. Er fürchtete die Strafe seiner Brüder, denn sein nächtlicher Ausflug konnte nicht verborgen geblieben sein. Aber Benni war auch sehr stolz. Denn jetzt wusste er, wo der Verdächtige untergeschlüpft war.

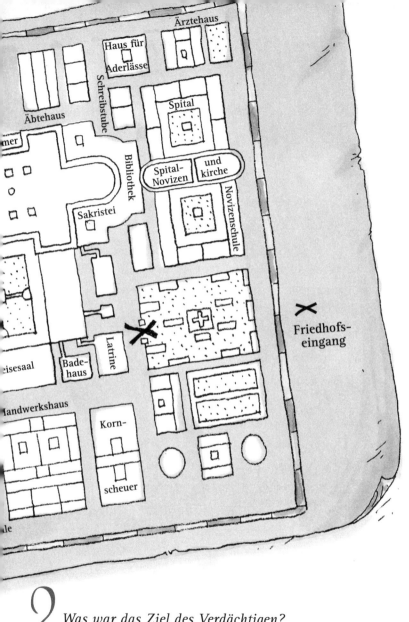

Was war das Ziel des Verdächtigen?

Brennende Augen

Benni konnte es kaum erwarten, Anna und Jakob von seinen Beobachtungen zu erzählen. Doch dazu sollte er erst einmal nicht kommen. Denn der Novizenmeister erwartete Benni schon, als er zum Dormitorium zurückschlich. Die Strafe war hart. Erst setzte es eine fürchterliche Tracht Prügel. Dann verdonnerte der Novizenmeister den Jungen zu absolutem Schweigen. Es war auch allen anderen untersagt, mit ihm zu sprechen. Nach den Gottesdiensten musste sich Benni auf den Boden vor die Kirche legen, mit dem Gesicht nach unten. Die Mönche stiegen über ihn hinweg, ohne ihn eines Blickes zu würdigen. Der Novize hustete und weinte im Staub.

Am Nachmittag, als Benni getrennt von den anderen Mönchen im Klostergarten arbeiten musste und Zwiebeln aus der Erde zog, wurde er einen Gedanken nicht los: Warum waren die beiden Täter noch im Kloster und nicht mit ihrer Beute geflohen? Was hatten die Verbrecher vor?

„He, Benni", hörte er plötzlich eine Stimme. Der Novize sah sich um. Da entdeckte er sie: Jakob, Anna und Felix hatten sich hinter einer Weide versteckt und winkten ihn heran. Vorsichtig schlich er zu seinen Freunden. Der kleine Hund sprang an dem Novizen hoch und leckte ihm einmal quer durchs Gesicht. Mit gedämpfter Stimme begann Benni zu erzählen. Die Augen der Freunde wurden immer größer. Vor allem als er von der nächtlichen Jagd auf dem Friedhof berichtete.

„Wir müssen in die Herberge!", rief Anna.

Jakob ballte die Fäuste: „Ich bin dabei. Ein Glück, dass heute kein Unterricht mehr ist."

„Ich kann euch jetzt leider nicht helfen, tut mir Leid", bedauerte der Novize.

Anna legte ihm eine Hand auf die Schulter: „Wir machen das schon. Verlass dich auf uns."

Kurz darauf spähten Anna und Jakob durchs Fenster der Herberge. Der Schankraum lag wie ausgestorben vor ihnen.

„Das habe ich befürchtet", meinte Jakob. „Wir sind zu früh dran. Heute Abend sollten wir einen zweiten Versuch wagen, was meinst du?"

Das Mädchen nickte: „Gut. Aber lass mich erst noch einen Blick in den Stall werfen." Sie flitzte los. Der Hund stürmte bellend hinter ihr her. Jakob folgte etwas unschlüssig.

Knarrend schwang das Tor auf. Kein Mensch war zu sehen.

„Was willst du denn hier?", maulte Jakob. Fliegen surrten um seinen Kopf.

„Jetzt lass mich nur machen!" Anna lief die Reihe der Tiere ab. Mit einem Mal stoppte sie. „Da!", rief sie.

„Was ist da schon?", fragte Jakob ungehalten. „Doch nur ein Gaul!"

„Von wegen, du Ochse!" Anna deutete auf ein stattliches Pferd. „Ein Rappe! Wie ihn die Kräuterfrau gestern beschrieben hat. Weißt du nicht mehr?"

Jakob kam näher. „Na ja, könnte hinkommen", gab er zu. „Aber das mit dem Ochsen nimmst du sofort zurück!"

„Ja, ja, schon gut. Dann ist er noch hier in der Herberge, der Mönch ohne Gesicht", wisperte Anna. „Wir müssen uns auf die Lauer legen."

„Im Stall?"

„Na klar." Das Mädchen sah sich um. „Wir brauchen einen sicheren Beobachtungsposten." Ihr Blick glitt nach oben. „Der Speicher! Das ist es. Komm!"

Über eine wackelige Leiter gelangten sie hinauf. Mit einem Fußtritt schob Anna das alte Stroh beiseite, das den Boden bedeckte.

„Einwandfrei", kommentierte sie. „Durch die Ritzen kann man genug erkennen. Schau, jetzt sind wir genau über dem Rappen."

„Und was ist, wenn der Mönch ohne Gesicht heute gar nicht mehr im Stall aufkreuzt?", warf der Junge ein.

„Hm, dann muss eben einer von uns in der Herberge aufpassen. Und der andere bleibt hier. Nämlich du."

„Ich? Ich habe keine Lust auf eine Nacht im Stall. Vergiss es!"

„Nein! Ich frage, ob ich heute Abend in der Wirtschaft aushelfen darf. Das habe ich schon oft gemacht. Ich falle dort nicht auf. Du aber schon. Also gehst du in den Stall."

Die Dunkelheit hatte sich über das Kloster gelegt wie ein schwarzes Tuch. Nur aus den Fenstern der Herberge schimmerte Licht. Die Schänke hatte sich in der letzten Stunde rasch gefüllt. Anna schleppte die schweren Bierkrüge zu den Gästen, servierte Essen und sagte dem Wirt Bescheid, wenn jemand bezahlen wollte. Felix blieb stets dicht bei ihr.

Eine Gruppe von Männern hatte sich um Liafwin geschart. Der Spaßmacher saß mitten auf dem Tisch und spottete:

„Gar böse ist der Abt,
weil er keine Bücher hat."

Einige lachten unterdrückt. Man bestellte Liafwin einen neuen Krug Bier, damit seine Stimme gut geölt blieb. Als Anna das Getränk brachte, dichtete der Spaßmacher:

> *„Da kommt mein Bier, das lob ich mir!*
> *Doch was will hier das hässliche Tier?"*

Er deutete auf Felix. Die Männer grölten.

Der kleine Hund spitzte die Ohren, dann fletschte er die Zähne. Mit einem Satz war er auf dem Tisch und zwickte Liafwin in den Fuß. Der Spaßmacher brüllte auf. Vor Wut wurde sein Gesicht puterrot. Als er jedoch sah, dass alle anderen lachten, beherrschte er sich. Er riss noch ein paar Witze, verließ dann aber die Schänke.

Währenddessen langweilte sich Jakob in seinem Versteck auf dem Speicher. Immer wieder hatten Knechte oder Pferdebesitzer den Stall betreten, aber niemand hatte sich bisher um den Rappen gekümmert. Der Junge machte es sich so bequem wie möglich. Er schob ein bisschen Heu zusammen und legte seinen Kopf darauf. Zuhause in seinem Bett war es zweifellos bequemer. Den Hof seiner Eltern hatte er vor ein paar Stunden klammheimlich verlassen. Und jetzt war er hier ... Irgendwann döste Jakob ein.

Ein Schnauben weckte ihn. Jakob fuhr hoch, spähte durch den schmalen Spalt hinab. Der Rappe tänzelte unruhig auf der Stelle. Ein Licht kam näher. Eine männliche, beruhigende Stimme war zu hören. Dann tauchte eine Gestalt mit einer Stalllaterne auf.

Jakob stockte der Atem. Ein Mönch! Im schwachen Licht erkannte der Junge, dass der vermeintliche Diener Gottes die Kapuze tief ins Gesicht gezogen hatte. Plötzlich schaute der Mann hoch. Seine Augen brannten für einen Moment in denen des Kindes. Jakob sah nur diese Augen, die ihn durchdrangen wie ein scharfes Messer. Wissende, kalte Augen. Die Augen eines Raubvogels, der sich aufschwingt, um sein Opfer zu schlagen.

Der Junge fuhr zurück, voller Panik, einen Schrei auf seinen Lippen. Die Leiter knarzte. Jakob krabbelte in einen Haufen Heu, verbarg sich darin. Feste

Schritte dröhnten auf den Holzbohlen. Plötzlich Stille. Erneute Schritte. Eine Stimme sagte: „War wohl nur irgendein Vieh." Als Jakob wieder die Leiter unter dem Gewicht ächzen hörte, schlüpfte er aus dem Heu und wagte sich zurück zu seinem Beobachtungsposten. Ein zweiter Mönch war hinzugekommen. Auch sein Gesicht war unter einer Kapuze verschwunden. Die Männer sprachen kein Wort. Aber ein kleines Stück Pergament wechselte den Besitzer. Der Hinzugekommene verschwand augenblicklich wieder. Der Pferdebesitzer warf einen kurzen Blick auf das Schriftstück. Dann zerriss er es in kleine Fetzen, warf sie achtlos auf den Boden und verließ ebenfalls den Stall. Als der Mönch die Tür aufstieß, verteilte ein Windstoß die Schnipsel im Stall.

Jakob kletterte mit weichen Knien vom Dachboden. Fieberhaft suchte er die Pergamentfetzen. In einem Wassertrog schwamm einer, ein anderer Schnipsel lag in einem Futtersack. Weiter ging die Suche! Doch Jakob fand nur noch ein winziges Pergamentstückchen. Ratlos ging der Junge aus dem Stall.

Aus der Dunkelheit sprang plötzlich ein Schatten auf ihn zu. Jakobs Herz setzte aus. Doch dann erkannte er Felix. Der Junge musste über sich selbst lachen. Nun tauchte auch Anna auf.

„Endlich Schluss in der Herberge. Der letzte Zecher ist gerade gegangen!", rief sie. „Ich habe nichts Verdächtiges bemerkt. Und du?"

Die beiden schlugen den Weg zwischen dem Kornhaus und der Brauerei ein.

Jakob erstattete Bericht.

„Und dir ist wirklich nichts an den Männern aufgefallen?" Anna konnte es kaum glauben.

Jakob versuchte, sich an jedes Detail zu erinnern: „Nein, nichts, woran ich die Kerle wiedererkennen könnte. Zum einen trugen sie Kapuzen. Und zum anderen war es ja auch ziemlich dunkel!" Von den brennenden Augen und seiner Angst erzählte er Anna lieber nichts.

Es war eine finstere Nacht. Der Mond verbarg sich hinter dicken Wolken. Mehrfach stolperten die Kinder.

„Ganz schön unheimlich", flüsterte Anna. „Außerdem ärgert es mich, dass wir in unserem Fall nicht weiterkommen. Alles, was wir haben, sind ein paar Schnipsel!"

„Abwarten. Die Fetzen sollten wir erst einmal untersuchen. Sieh mal, da vorn brennt noch Licht!" Jakob deutete auf ein erleuchtetes Fenster im Spital. Die beiden kauerten sich davor. Jakob breitete seinen Schatz aus und glättete vorsichtig die Schnipsel.

Immer wieder schob er die Pergamentstücke an andere Positionen, versuchte sie zusammenzufügen – wie bei einem Puzzle. Plötzlich huschte ein Lächeln über sein Gesicht: „Ich hab's doch geahnt – unser Einsatz war nicht umsonst!"

Was stand auf dem Pergament?

Rätselhafte Zeichen

Als die Sonne aufging, waren Anna und Jakob samt Felix wieder auf dem Weg ins Kloster. Jakob musste zum Unterricht beim feisten Udalrich. In Gedanken ging er die Vokabeln durch, die er gestern mehr schlecht als recht gelernt hatte. Anna hatte andere Sorgen. Der Vater hatte ihr aufgetragen, sich in den Ställen des Klosters zu verdingen. Doch nie wusste Anna, ob man Arbeit für sie hatte oder ob man sie einfach nur wegjagte.

Im Kloster herrschte noch mehr Gedränge als am Tag zuvor. Vor der Novizenschule stoppten die Kinder. Sie hofften, dass sie Benni treffen würden. Und so war es auch. Sie zogen den Novizen zur Seite.

„Die wollen die Schätze der Sakristei rauben?", fragte Benni fassungslos.

„Ja, die Schnipsel lassen darauf schließen. Jetzt wissen wir auch, warum die Diebe nicht geflohen sind, nachdem sie die Bücher gestohlen hatten. Sie wollen noch mehr Beute machen! Und die Wachen tappen im Dunkeln. Benni, du musst mit dem Abt reden!", rief Jakob.

Der Novize wand sich: „Was ist, wenn er mir nicht glaubt? Man hat mir gerade meine Strafe erlassen. Ich will nicht wieder Redeverbot und Prügel bekommen."

„Du musst ihn warnen, es ist deine Pflicht", meinte auch Anna. „Sonst werden wir es tun!"

„Gut, ich mache es." Bennis Augen weiteten sich. „Wenn ich nur an die herrlichen Dinge in unserer Sakristei denke: mit Edelsteinen besetzte Kronen, Schnitzereien aus Elfenbein, kostbarste Evangeliare, golddurchwirkte Paramente! Einmalige Bücher in der Minuskelschrift, versehen mit goldkolorierten kleinen Bildern."

„Na also, die willst du doch nicht diesen Dieben überlassen, oder?" Jakob betrachtete die Diskussion für beendet.

„Nein, natürlich nicht. Nach dem Gottesdienst zur Terz will ich den Abt ansprechen", nahm sich der Novize vor.

Anna verdrehte die Augen: „Manchmal habe ich den Eindruck, euer Leben besteht nur aus Gottesdiensten."

„Du übertreibst", sagte Benni nachsichtig. „So viele sind es nun auch nicht. Nach der Mette in der Nacht folgt die Laudes, die bei Anbruch der Dämmerung endet", erklärte der Junge. „Und kurz bevor es richtig hell wird, so gegen sieben Uhr, treffen wir uns zur Prim, die wir die erste Stunde nennen. Gegen neun Uhr folgt die Terz, um zwölf die Sext, um zwei Uhr die None. Den Abschluss bilden Vesper und Komplet."

„Oje", stöhnte Anna. „Ich würde vermutlich ständig etwas vergessen oder zu spät kommen."

Jetzt mischte sich Jakob ein: „Die Gefahr sehe ich bei unserem Freund Benni allmählich auch. Lauf und unterrichte den Abt, bevor du wieder unangenehm auffällst."

„Ich eile!", rief der Novize und verschwand.

Einige Stunden später saß der Junge im Refektorium, dem Speisesaal der Glaubensbrüder, schweigend beim Essen. Die Mönche hockten an langen Tischen. Richbod, der Abt, weilte im Gästehaus, um mit hochrangigen Besuchern zu speisen, die anlässlich des Besuches von Karl dem Großen gekommen waren.

Das Gespräch mit Richbod war aus Sicht des Novizen ein Reinfall gewesen. Der Abt hatte ihm keinen Glauben geschenkt und Benni einen Narren genannt. Der Novize hatte sich klein, dumm, aber vor allem ungerecht behandelt gefühlt. Er war ein Junge, der leicht aufbrauste. Nur mit Mühe hatte er sein Temperament zügeln können. Denn von den Novizen wurde ein absoluter, vollkommener Gehorsam gegenüber dem Abt erwartet. In naher Zukunft würde Benni vor dem versammelten Konvent diesen unbedingten Gehorsam – *oboedientia* genannt – feierlich versprechen müssen. Nun saß der Novize enttäuscht und blamiert im Speisesaal und löffelte ohne Appetit eine fade Gemüsesuppe.

Während der Mahlzeit hatte absolute Ruhe zu herrschen. Nur der Mönch, der zum Vorlesen bestimmt war, durfte seine Stimme erheben. Also bedienten sich die Glaubensbrüder der Zeichensprache, wenn sie etwas brauchten. Theodulf, der Bibliothekar, formte mit Daumen und Zeigefinger einen Kreis – und schon reichte ihm jemand das Brot. Als Benni ein Stück Käse wollte, das am anderen Ende des Tisches lag, rieb er die Hände aneinander und erhielt prompt das Gewünschte.

So verlief das karge Mahl in seinen gewohnten

Bahnen, bis Benni etwas auffiel. Bruder Angilbert, als Sacratarius für die Sakristei verantwortlich, saß etwas abseits von den anderen und gab auch Zeichen. Allerdings schien ihm, halb versteckt, daran gelegen, dass man ihn dabei nicht beobachtete. Jedes Mal sah er sich kurz um, bevor Bewegung in seine Finger kam. Außerdem gab der Sacratarius die Zeichen nicht zu einem Mitbruder, sondern zum Fenster hin! Dort bemerkte Benni eine Gestalt. Ihn schauderte: Das Mönchsgewand verdeckte das Gesicht!

Der Mönch ohne Gesicht!, durchfuhr es den Novizen. Gelähmt vor Schreck, starrte er weiter auf die beiden Brüder.

Angilbert faltete rasch die Hände, machte dann das Zeichen für die Eins. Die Kapuze am Fenster nickte. Zwei schlanke Hände tauchten im Fensterrahmen auf, dann wieder die Zeichen Beten und Eins.

Der Mönch ohne Gesicht hatte die Botschaft bestätigt! Schon war der Schatten verschwunden – wie ein Spuk. In diesem Moment wandte sich der Sacratarius in Bennis Richtung. Blitzschnell senkte der Novize den Blick, löffelte zitternd seine Suppe. Er wagte einige Minuten lang nicht aufzuschauen. Ihm war, als starre ihn Angilbert unverwandt an.

War der Sacratarius etwa der Komplize vom Mönch ohne Gesicht? Benni dachte an die Nacht zurück, in der er die beiden Verdächtigen nach dem Gottesdienst verfolgt hatte. Von der Gestalt her – groß und hager – könnte Angilbert einer der Männer gewesen sein. Gedankenverloren tunkte der Novize das Brot ein. Angilbert hatte den Schlüssel zu den Schätzen in der Sakristei. Das würde auch mit den Pergamentstücken zusammenpassen, die Jakob gefunden hatte.

Benni hob den Kopf ein wenig. Angilbert beachtete ihn nicht, trank aus seinem Weinbecher. Ein Viertelliter stand den Mönchen pro Tag zu.

Der Junge entspannte sich ein wenig, grübelte weiter. Musste er jetzt nicht erneut den Abt aufsuchen? Aber was sollte er ihm sagen? Dass er Angilbert dabei beobachtet hatte, wie dieser seltsame Zeichen gegeben hatte? Das konnte der Sacratarius jederzeit abstreiten. Benni hatte keine Zeugen, er konnte seinen Verdacht nicht belegen. Dem Novizen würde eine weitere harte Strafe drohen.

Plötzlich stieß ihn sein Nachbar unter dem Tisch an und deutete mit dem Kopf zum dicken Bruder Udalrich, der Benni schräg gegenüber saß. Der Lehrer machte mit seinen Händen eine Schwimmbewegung. Benni begriff und reichte den Fisch herüber. Der Novize fiel in seine Grübelei zurück. Nein, er konnte noch nicht zum Abt. Er fehlten einfach die Beweise. Beweise, Belege, Hinweise – Zeichen. Was hatte Angilbert seinem Komplizen in der Zeichensprache mitgeteilt? Versonnen kaute der Junge auf dem Graubrot herum. Plötzlich huschte ein Lächeln über sein Gesicht. Er wusste jetzt, um welche Uhrzeit die Täter zuschlagen wollten.

 Wann wollen die Täter zuschlagen?

Auf der Lauer

Benni traf seine Freunde kurz vor dem Komplet. Seine Wangen glühten vor Aufregung, als er ihnen von seiner Entdeckung erzählte.

„Natürlich, die Prim! Das wäre gegen sieben Uhr. Lasst uns gleich zum Abt gehen!" Jakob war kaum noch zu halten.

„Aber wir wissen doch noch nicht an welchem Tag", bremste ihn Anna.

„Leider. Und ausgerechnet Bruder Angilbert steckt mit ihm unter einer Decke. Er hat doch die Schlüssel zur Sakristei!", meinte Benni verzweifelt.

„Lass den Kopf nicht hängen. Wir werden nicht zulassen, dass die Schätze geraubt werden!", erwiderte Jakob entschlossen.

Benni sah ihn müde an: „Ach ja? Und wie willst du das anstellen? Drei Kinder gegen den Mönch ohne Gesicht? Der kennt keine Skrupel. Er wird uns garantiert töten!"

„Wir werden die Sakristei bewachen", schlug Jakob vor. „Und wenn die Täter dort eindringen wollen, schlagen wir Alarm und holen Hilfe. So besteht keine direkte Gefahr für uns."

„Gute Idee." Anna war einverstanden. „Wir zwei sind dabei!" Sie deutete auf Felix, der an ihr hochsprang. Das Mädchen nahm ihn auf den Arm. „Seht ihr?"

Am nächsten Morgen färbte sich der Himmel blutrot. Es war kurz vor Sonnenaufgang. Anna und Jakob saßen im Schutz einer alten Eiche und beobachteten die Sakristei. Es war empfindlich kühl. Der Junge sah, dass Anna in ihrem zerschlissenen Kittel fror. Er bot ihr seinen Mantel an, doch sie lehnte ab: „Es geht schon." Das Mädchen schnappte sich einen kleinen Stock und warf ihn in hohem Bogen weg. Sofort rannte Felix hinterher. Sein Stummelschwanz bebte vor Freude, seine Ohren waren gespitzt.

Jakob richtete sein Augenmerk wieder auf die schwere Holztür vor der Sakristei. Was wäre, wenn die Täter von innen an die Schätze herankamen – so, wie es ihnen in der Bibliothek gelungen war? Und was wäre, wenn sie durch die Kirche entkommen wollten? Nein, entschied Jakob. Das wäre zu kühn, zu riskant. Seiner Meinung nach würden die Täter den schnellsten Weg wählen. Der führte an dem Baum vorbei, hinter dem sich die Kinder versteckt hielten.

Am Horizont wurde es langsam heller. Die Sonne war endgültig erwacht und eroberte den Himmel. Nun konnte es nicht mehr lange dauern, bis die Glocke zur Prim rief. Würde der Mönch ohne Gesicht heute zuschlagen? Jakob war davon überzeugt. Denn wenn Karl der Große erst einmal im Kloster war, hatten es die Diebe schwerer. Schließlich zogen im Gefolge des Kaisers auch jede Menge Krieger mit.

Anna schien keinen tief schürfenden Gedanken nachzuhängen. Sie spielte mit ihrem Hund. Wieder und wieder flitzte Felix auf seinen kurzen, krummen Beinen dem Stück Holz hinterher und brachte es zurück. Dann setzte er sich brav hin, legte die Beute ab und sah Anna mit seinen großen braunen Augen so lange bittend an, bis das Mädchen das Stöckchen erneut warf. Jetzt flog es ganz in die Nähe der Sakristei.

„Bist du verrückt? Du wirst uns noch verraten!", zischte Jakob ärgerlich.

Felix sauste seinem Spielzeug hinterher.

Plötzlich hörten die Kinder einen unterdrückten Fluch: „Verschwinde, du hässliche Töle."

Anna und Jakob drückten sich dicht an den mächtigen Stamm des Baumes und spähten Richtung Sakristei. Sie fuhren augenblicklich zurück. Angilbert stand an der Tür und trat wütend nach Felix. Der Hund umkreiste den Mönch kläffend und versuchte, ihn ins Bein zu beißen.

„Ich hab's geahnt: Jetzt fliegen wir auf", flüsterte Jakob wütend.

„Unsinn, lass mich nur machen", erwiderte Anna. Sie stieß einen leisen Pfiff aus. Felix ließ von dem Mönch ab und rannte Richtung Eiche.

Der Junge konnte es nicht fassen: „Na toll, jetzt lockst du Felix auch noch hierher!" Angst stieg in ihm auf. „Angilbert wird uns finden!"

Anna tippte sich an die Stirn: „Denkste!" Blitzschnell hob sie vom Boden einen Ast auf und warf ihn in ein weit entferntes Gebüsch. Bellend verschwand der Hund darin.

„Zufrieden?", fragte das Mädchen grinsend.

Jakob sagte lieber nichts. Er beobachtete Angilbert. Der Mönch starrte auf das Gebüsch, in das sich der Hund gestürzt hatte. Als Felix nicht wieder auftauchte, griff der Mönch zu dem Schlüsselbund an seinem Gürtel. Er warf einen letzten Blick über die Schulter, dann steckte er einen Schlüssel in das Schloss der Holztür.

„Jetzt geht er rein!" Jakob stieß Anna aufgeregt in die Seite.

„Psst, halt die Klappe!", gab das Mädchen zurück.

Der Mönch hielt inne. Er drehte sich langsam um. Angilbert stierte auf die Eiche, hinter der sich die Kinder verbargen.

„Mist, er hat etwas gehört!", entfuhr es dem Mädchen.

Der Sacratarius kratzte sich am kahl geschorenen Kopf. Dann schloss er die Tür ab und ging auf den Baum zu.

„Jetzt kriegt er uns. Und dein Hund ist schuld!", flüsterte Jakob.

Anna tippte sich an die Stirn: „Quatsch, du warst zu laut!"

Angilbert war nur noch wenige Meter entfernt. Da begann die Glocke zu schlagen. Sie rief die Mönche zum Gottesdienst.

„Die Prim. Die Stunde vom Mönch ohne Gesicht!", keuchte Jakob.

Der Sacratarius schien zu überlegen. Dann hastete er zurück zur Sakristei. Erneut schloss er die Tür auf, verschwand kurz, erschien wieder, warf nervöse Blicke nach rechts und links und eilte dann in Richtung Kirche davon.

Die Kinder atmeten auf. Doch in diesem Moment brach Felix aus dem Gebüsch und lief kläffend auf Anna zu.

Angilbert fuhr herum und entdeckte die drei. Wütend lief er auf sie zu. „Was macht ihr hier?", brüllte der Mönch. „Verschwindet!"

Anna nahm Felix hoch, zog Jakob, der wie erstarrt dastand, am Hemd und rannte weg. Endlich kam auch Bewegung in den Jungen.

„Na wartet, ich werde euch lehren, hier herumzuspionieren!", gellte die Stimme des Sacratarius hinter ihnen her. Er nahm einen Stein und schleuderte ihn in Richtung der Kinder. Knapp flog das Geschoss an Anna vorbei. Das Mädchen rannte geduckt weiter, sprang über eine niedrige Mauer, ging dahinter mit Felix in Deckung.

Jakob war nicht schnell genug. Der nächste Stein streifte seinen Kopf. Der Junge schrie auf. Etwas

Warmes lief an seinem Ohr herunter. Er warf sich hinter die Mauer, wo Anna lag.

„Oje, du blutest ja!", erschrak das Mädchen.

„Nur ein Kratzer", meinte Jakob tapfer. Dennoch hätte er am liebsten geheult. Weniger vor Schmerz als vor Wut. Er blickte vorsichtig über den Rand der Mauer. Angilbert hatte sich umgedreht und lief nun endgültig zur Kirche.

„Den sind wir erst einmal los!", meinte der Junge erleichtert.

Anna rappelte sich auf: „Na, dann nichts wie zurück zu unserem Posten!"

Die Kinder versteckten sich wieder hinter dem Baum. Anna untersuchte die Wunde an Jakobs Kopf. Es handelte sich nur um eine oberflächliche Verletzung, einen kleinen Riss in der Haut.

„Also, Angilbert steckt auf jeden Fall mit dem Mönch ohne Gesicht unter einer Decke", stellte Jakob fest.

„Allerdings", sagte das Mädchen. Sie wandte ihre Augen nicht von der Sakristei.

„Zu dumm, dass wir keinen Beweis haben", meinte Jakob niedergeschlagen.

„Den haben wir doch!", rief Anna. „Sieh dich mal genau um!"

? *Was hat Angilbert vergessen?*

Eine geheimnisvolle Botschaft

„Jetzt braucht sich der Mönch ohne Gesicht ja nur noch zu bedienen", rief Jakob entsetzt, als er die geöffnete Tür erblickte. „Schnell, wir müssen zum Abt, um ihn zu warnen." Die Kinder rannten in Richtung Kirche los.

In diesem Moment flog die Tür zur Sakristei auf. Der Mönch ohne Gesicht. Sein Gesicht war verdeckt von der Kapuze. Über der Schulter trug er einen Sack. Er erblickte die Kinder, ließ den Sack fallen, griff in die Kutte. Ein Schwert blitzte auf.

Anna und Jakob stoppten, machten kehrt, rannten fort, weg von der Kirche. Sie begannen, um Hilfe zu rufen.

Der Dieb stieß einen derben Fluch aus. Er lief zu der Birke, an die er seinen Rappen gebunden hatte. Schnell sprang er auf das schwere Ross und stieß ihm die Sporen tief in die Flanken. Das Pferd bäumte sich auf. Dann stob es los. Der Mönch ohne Gesicht lenkte den schnaubenden Rappen auf die Fliehenden zu.

Der Boden bebte unter den Hufen des mächtigen Tieres.

Die Kinder liefen um ihr Leben. Jakob fand hinter einem Felsen Deckung. Anna wollte ihm folgen, geriet aber auf einer Wurzel ins Straucheln. Sie stürzte, schlug sich die Knie auf. Mühsam kam sie hoch, warf einen Blick zurück. Der unheimliche Reiter kam rasch näher. Er stieß ein helles, höhnisches Lachen aus. Gleich würde Anna die scharfe Klinge des Schwertes treffen. Das Mädchen schrie gellend. Der Mönch ohne Gesicht holte weit aus.

„Wirf dich flach hin!", brüllte Jakob verzweifelt.

Anna gehorchte. Der Rappe setzte über sie hinweg. Haarscharf sauste das Schwert am Kopf des Mädchens vorbei. Pferd und Reiter verschwanden samt der Beute in einer Staubwolke.

Jakob lief zu seiner Freundin: „Alles klar?"

Das Mädchen klopfte sich den Dreck aus dem Kleid: „Ich bin noch ganz. Zum Abt, los!"

Richbod staunte nicht schlecht. Noch nie hatte es jemand gewagt, einen Gottesdienst in seiner Kirche zu stören. Aber Jakob sagte nur vier Worte: „Einbruch in die Sakristei!"

Augenblicklich schlug der Abt Alarm. Minuten später wimmelte es in der Klosteranlage von Männern, die den Dieb jagten. Die Wachen verschlossen die Tore, aber es war zu spät. Es wurde weder eine Spur vom Reiter noch von seiner Beute gefunden: mit Gold und Edelsteinen verzierte Schalen, Kelche und Kruzifixe. Auch Angilbert schien verschwunden.

Richbod bat die drei Kinder zu sich und ließ sie ausführlich zu Wort kommen.

„Der Mönch ohne Gesicht? Gott steh uns bei", sagte der Abt entsetzt. „Wer außer euch weiß davon, dass dieser Dieb unser Kloster heimgesucht hat?"

„Niemand", erwiderte Jakob überzeugt. „Außer seinem Komplizen natürlich."

Der Abt begann, im Raum auf und ab zu gehen. Dann wandte er sich an den Novizen: „Dennoch mussten wir dich bestrafen, Benedictus, als du in der Nacht fortliefst." Richbods Stimme war wieder gefasst und streng. „Dein ungestümes wie ungebührliches Verhalten ließ uns keine Wahl. In Zukunft hast du dich zu mäßigen. *Carpe diem*, nutze den Tag, aber nutze ihn in Einklang mit Gott und seinen Gesetzen."

Der Junge blickte zu Boden. Er war erfüllt von Demut, aber auch von Stolz.

„Geht nun. Ich danke euch. Und überlasst die Suche nach den Tätern den Erwachsenen."

Benni, Jakob und Anna wollten sich gerade zurückziehen, als zwei Mönche den Sacratarius hereinbrachten.

Als dieser die Kinder sah, kniff er die Lippen zusammen und schaute sie grimmig an.

„Bruder Angilbert, wir haben überall nach dir gesucht", begrüßte ihn der Abt kühl.

„Entschuldigt", erwiderte der Sacratarius unterwürfig. „Ich habe Magenschmerzen. Deshalb war ich im Heilkräutergarten, um dort ein Mittel für einen lindernden Trank zu finden."

Die Kinder warfen sich vielsagende Blicke zu. Sie hielten sich unauffällig im Hintergrund.

„So? Das lässt sich überprüfen", sprach Richbod.

„Überprüfen?" Angilberts Stirn lag in Falten. „Hegt Ihr etwa Zweifel an meiner Aussage?"

Der Abt lächelte hintersinnig: „Durchaus, Bruder. Und jetzt geh ins Dormitorium, und verweile dort, bis wir dich rufen. Die übrigen Mönche und ich werden uns in den Kapitelsaal zur Beratung zurückziehen. Du weißt ja: Tu alles mit Rat, dann brauchst du nach der Tat nichts zu bereuen."

„Hat mich dieses Pack in Verruf gebracht?", brauste der Sacratarius auf und deutete auf die drei Freunde und den Hund. Felix begann zu knurren.

„Schweig!", herrschte Richbod den Glaubensbruder an. „Geh ins Dormitorium! *Stante pede!*"

„Stante was?", fragte Anna leise.

„Stante pede heißt sofort", gab Benni ebenso leise zurück.

„Darf ich wenigstens noch erfahren, was vorgefallen ist?", ließ sich noch einmal Angilbert vernehmen.

„Übe dich in Geduld. Hinaus. Für euch Kinder gilt dasselbe."

Die Freunde rannten aus dem Gotteshaus. Sie versteckten sich hinter einer Säule und sahen, wie Angilbert den Weg zum Schlafgemach einschlug. Er wurde vom feisten Bruder Udalrich begleitet. Die beiden sprachen kein Wort miteinander.

„Meint ihr, Angilbert versucht zu türmen?", fragte Anna.

„Gut möglich. Ich glaube nicht, dass der dicke Udalrich ihn aufhalten könnte", meinte Jakob respektlos und grinste.

„Wir sollten hier vor dem Eingang bleiben", schlug Benni vor. Die anderen waren einverstanden.

Eine Stunde verging, ohne dass sich etwas ereignete. Dann preschte ein berittener Bote heran. Als er die Kinder vor dem Dormitorium erblickte, zügelte er sein Pferd und fragte sie: „Wisst ihr, wo ich einen Mönch namens Angilbert finde? Ich habe eine Nachricht für ihn." Der Reiter wedelte mit einem braunen, versiegelten Schreiben.

Die Freunde sahen sich überrascht an. Benni sagte schließlich: „Bruder Angilbert ist im Dormitorium gleich hier oben." Er deutete auf das erste Stockwerk.

„Im Schlafraum um diese Zeit?" Der Bote schüttelte den Kopf. „Mönch müsste man sein." Dann lief er hinauf.

Kaum war der Reiter verschwunden, meinte Jakob: „Ich wüsste ja nur zu gern, was in diesem Schreiben steht."

„Bestimmt etwas Wichtiges. Angilbert wird den Brief sicherlich irgendwo verstecken", argwöhnte Anna.

„Sollen wir nicht mal nachschauen?", wisperte Benni unternehmungslustig.

„Du willst dich hochschleichen?", fragte Jakob.

„Klar, du und ich, wir gehen!", schlug der Novize vor. „Anna kann unmöglich mit ins Dormitorium."

Das Mädchen nickte: „Schon gut. Felix und ich

warten hier." Sie strich dem kleinen Hund über den Kopf.

Auf leisen Sohlen pirschten Jakob und Benni in den ersten Stock und spähten in das Schlafgemach. Angilbert saß auf seiner Binsenmatte und hatte die Hände zum Gebet gefaltet. Vom braunen Schreiben war nichts zu sehen. Bruder Udalrich starrte aus dem Fenster. Es herrschte eine trügerische Stille.

Jakob sah Benni fragend an. Der Novize machte ein Zeichen, dass sie wieder hinabgehen sollten. Jakob nickte. Er wandte sich zum Gehen. Dabei klimperten die Münzen in seinem Geldbeutel.

Mit einem Satz war Angilbert an der Tür. Dort erwischte er die Jungen. „Ihr schon wieder! Habt ihr mir nicht schon genug Ärger eingebracht?" Er zog Benni am Ohr.

Nun kam der dicke Udalrich hinterher. Er schnappte sich Jakob und meinte fast fröhlich: „Ah, mein gänzlich missratener Schüler. Es wird Zeit, dir nicht nur Vokabeln einzubläuen, sondern auch gutes Benehmen. Dazu gehört zweifellos nicht das Herumschleichen in fremden Gemächern." Er gab ihm eine schallende Ohrfeige.

„Haltet ein!", flehte Jakob. Auch Benni begann zu jammern. Als Antwort verdrehte der Sacratarius das

Ohr des Jungen noch weiter. Es nahm die Farbe einer reifen Erdbeere an. „Dich will ich lehren, falsche Verdächtigungen über mich zu verbreiten!", brüllte Angilbert. „Damit du es dir merkst: Ich habe mit dem Mönch ohne Gesicht nichts zu tun! Ich war beim Gottesdienst, als es passierte. Meine Mitbrüder werden zu dem Schluss kommen, dass ich unschuldig bin."

„Aber Ihr habt die Tür zur Sakristei offen gelassen!", begehrte der Novize auf.

„Na und?", lachte der Mönch. „Vielleicht habe ich vergessen, sie abzuschließen. Das besagt nichts!"

Die Schmerzen an Bennis Ohr wurden unerträglich. In seiner Not trat er dem Sacratarius vors Schienbein. Der schrie auf und ließ den Jungen los. Auch Jakob gelang es, sich von Udalrich loszureißen. Zusammen flitzten sie die Treppe hinab. Die Mönche blieben am Absatz stehen und riefen ihnen Verwünschungen hinterher.

Außer Atem gelangten Jakob und Benni zu Anna. „Und?", fragte das Mädchen mit großen Augen.

„Er hat mir das Ohr fast abgerissen", jammerte Benni.

Jakob rieb seine glühende Wange: „Ich hab auch was abgekriegt. Aber der Besuch hat sich gelohnt. Denn Angilbert hat sich endgültig verraten. Das wird den Abt interessieren."

 Wodurch hat sich Angilbert verraten?

Jagdzeit auf dem Markt

Jakob rannte Richtung Kapitelsaal, die Freunde im Schlepptau.

„Nun sag schon, lass mich nicht blöd sterben!", rief Benni. „Was hat denn Angilbert groß gesagt? Er hat sich doch nur verteidigt!"

„Genau, raus mit der Sprache!", meinte auch Anna.

„Richtig, Angilbert hat sich verteidigt. Jedoch nicht gerade überzeugend. Er hat nämlich vom Mönch ohne Gesicht gesprochen. Aber von dem war vorher nie die Rede! Gesehen haben kann Angilbert ihn auch nicht, denn er war ja beim Gottesdienst."

Kurz darauf waren der Abt und die anderen Mönche unterrichtet. Eine Abordnung stürmte Richtung Schlafraum, um Angilbert den Wachen zu übergeben.

Doch der Sacratarius wurde durch das Geschrei, das rasch näher kam, gewarnt.

Den heranstürmenden Glaubensbrüdern bot sich ein merkwürdiges Schauspiel: Udalrich flog wie ein dicker Puter aus dem ersten Stock und landete weich inmitten einer Fuhre Mist, die gerade unter dem Fenster entlanggekarrt wurde.

Für einen Moment tauchte Angilbert im Rahmen auf. „*Mea culpa*, meine Schuld", rief er dem schimpfenden Udalrich zu. „Aber das hat richtig Spaß gemacht!" Dann verschwand Angilbert.

Eine Minute später erreichte Benni als Erster den Schlafraum.

„Niemand mehr da!", keuchte er. „Angilbert ist getürmt, das gibt es doch gar nicht!"

„Hier ist er lang!", brüllte eine helle Stimme. Die Verfolger blickten auf den Weg hinunter. Dort stand Udalrich, über und über mit Mist bekleckert. Der dicke Mönch deutete zum Klosterausgang. „Ich habe Angilbert in diese Richtung fliehen sehen."

Jakob biss sich auf die Lippen, um nicht laut herauszuprusten. Rasch lief er mit den anderen wieder auf die Straße. Eine kleine Menschentraube hatte sich um Udalrich versammelt.

„Angilbert hat mich ans Fenster gelockt und dann hinausgestoßen", beschwerte sich Udalrich. „Ist das nicht eine Gemeinheit?"

Einige der Umherstehenden nickten. Die meisten aber rümpften die Nasen und lächelten. Unter diesen war auch der Spaßmacher Liafwin. Sein Lachen klang wie das Meckern einer Ziege, als er dichtete:

„Es kam einmal im hohen Bogen
ein dickes Mönchlein angeflogen.
Und landete, wie ihr wohl wisst,
in einer Fuhre altem Mist!"

Udalrich schien den Spott gar nicht zu hören. Würdevoll, den Kopf trotzig erhoben, stapfte er zum Badehaus.

Unterdessen verfolgten viele Mönche und Wachen, drei Kinder und ein Hund den fliehenden Sacratarius. Angilbert kam es gelegen, dass in der Klosteranlage dichtes Gedränge herrschte. Die Wege und Pfade waren voller Menschen, Tiere und Karren und gesäumt von Ständen. Für eine Person war es leichter, durch dieses Chaos hindurchzuschlüpfen, als für die Schar der Verfolger. Ganz vorne rannten die Kinder und der Hund.

„Da ist er!", brüllte Benni und deutete auf einen Stand mit feinem Tuch.

Der Sacratarius tauchte zwischen den Stoffen unter. Er packte eine Rolle mit Seide und schleuderte sie auf die Kinder, die ins Stolpern gerieten. Dann riss der Mönch einen voll beladenen Tisch um. Die edlen Stoffe ergossen sich vor die Füße seiner Verfolger. Die Kinder kletterten über die Ware, wühlten sich hindurch. Der Kaufmann raufte sich verzweifelt die Haare. Sekunden später trampelte der Tross der Mönche und Wachen über das schöne Tuch.

„Nein!" Der Händler schien nun dem Wahnsinn nahe.

Keiner hatte Mitleid mit ihm. Schon gar nicht Angilbert. Der Mönch hatte sich einen leichten Vorsprung erkämpft. Lachend sauste er weiter. Da rutschte er in einer Pfütze mit Seifenlauge aus und prallte gegen einen Stand, auf dem Honigtöpfe aufgebaut waren. Sie schepperten zu Boden, klebrige Süße machte sich breit. Anna, Jakob, Benni und Felix setzten mit weiten Sprüngen über die Lachen. Nicht so Richbod und seine Männer. Sie stapften mitten in den Honig. Manche verloren ihre Schuhe, blieben stehen, bückten sich, wurden von den Nachfolgenden gerammt, fielen in den Dreck, schimpften.

Angilbert flitzte unterdessen weiter.

„Haltet ihn, er ist ein Dieb!", brüllte Richbod.

Doch leider kam niemand im Volk auf die Idee, dass damit ein Mönch, ein ehrfürchtiger Diener Gottes, gemeint sein könnte. So konnte sich der Fliehende mehr oder weniger unbehelligt seinen Weg durch die Menge bahnen. Angilbert erreichte die Obstgärten, wo gerade die Äpfel geerntet wurden. Der Mönch riss einen der schweren Körbe um und schüttete die Früchte mitten auf den Weg. Prompt rutschte Benni auf einem Apfel aus und fiel hin. Jakob half ihm auf, und weiter ging die Jagd. Nur noch zehn Meter trennten die Kinder vom Sacratarius. Der bückte sich in diesem Moment, packte einen dicken Apfel und warf ihn auf seine Gegner. Anna bückte sich im letzten Moment und hörte hinter sich einen Schrei. Die Frucht war genau auf der Nase des heranstürmenden Richbod gelandet.

„Jetzt reicht's!", schrie Benni wild entschlossen. „Auge um Auge, Zahn um Zahn – und Apfel um Apfel!" Der Novize griff mit beiden Händen in einen Weidenkorb und feuerte eine Frucht nach der anderen auf Angilbert. Er traf ihn gleich mehrfach.

Aber der Mönch schlug jetzt Haken und bewies dabei eine erstaunliche Geschicklichkeit. Wie bei einem Slalom rannte er durch die Bäume, dann über den Friedhof, er trampelte durch den Gemüsegarten und gelangte schließlich zu den Geflügelställen. Hühner, Enten und Gänse stoben in alle Richtungen, als der Mönch durch sie hindurchsprintete. Federn flogen, es erhob sich ein fürchterliches Geschnatter und Gegacker.

„Nicht zu fassen, wie schnell der ist!", rief Anna anerkennend. Felix rannte hechelnd neben ihr her.

Auch der Trupp der Mönche und Wachen walzte sich nun durch die Stallungen. An manchen mit Honig verschmierten Schuhen klebten plötzlich Federn.

Angilbert lief inzwischen wieder in Richtung der dicht gedrängten Marktstände. Blitzschnell öffnete er das Gatter eines dösenden Viehhändlers, der Schafe feilbot. Die Schafe blökten, bockten, sprangen. Sie stürmten in Panik durch das Gedränge. Zelte stürzten um, Stände krachten zusammen, Holz splitterte, Tontöpfe klirrten, Fässer kippten, das Geschrei der Marktweiber und Händler war ohrenbetäubend. Doch die Kinder ließen sich nicht abschütteln. Sie sahen, wie der Fliehende das rechteckige Gebäude mit dem Wein- und Bierkeller der Mönche erreichte. Dabei verlor er etwas Braunes.

„Da – der Brief!", schrie Benni. Er lief hin, bückte sich und steckte das Schriftstück in seine Kutte.

Der Sacratarius war in den Gewölben verschwunden. Als die Kinder hereinkamen, herrschte dort eine fast feierliche Stille, verglichen mit dem Getöse draußen. Nur Sekunden später war es damit vorbei, denn Richbod und seine Männer platzten herein.

„Wo ist der gottlose Kerl?", knirschte der Abt wütend und außer Atem. „Weit kann er nicht sein. Denn es gibt hier nur einen Zugang. Seht in den leeren Fässern nach!"

Und so wurde ein Wein- und Biergefäß nach dem anderen untersucht. Felix beteiligte sich an der Suche, die Nase dicht auf den Boden gepresst. Plötzlich schlug er vor einem großen Fass an. „Hierher, Felix hat eine Spur!", rief Anna aufgeregt.

Richbod eilte herbei. Das Fass wurde geöffnet – und Angilberts kahler Kopf tauchte auf.

„Nehmt ihn fest!", befahl der Abt. Dann beugte er sich zu dem Hund hinab: „Gut gemacht, mein Kleiner. *Valde bona!*"

Während der Sacratarius abgeführt wurde, zog Benni den geheimnisvollen Brief aus seiner Kutte und öffnete ihn. Die Freunde schauten dem Novizen über die Schulter.

„Was soll denn das heißen?", rätselte Jakob.

„Eine Geheimschrift", ahnte Anna. „Bestimmt eine Botschaft vom Mönch ohne Gesicht. Nachdem er die Schätze der Sakristei geraubt hatte, schickte er seinem Komplizen diese Nachricht. Vielleicht enthält sie einen Hinweis, wo sie sich treffen wollen."

Trffpnkt Glgnbrg ht Mttrncht

Benni und Jakob murmelten die Buchstaben immer wieder vor sich hin. „Du sagst es", triumphierte Benni plötzlich. „Ich hab das Rätsel gelöst. Ich weiß, was die Buchstaben bedeuten könnten!"

 Wo wollen sich die Täter treffen?

Am Galgenberg

"Nicht schlecht. Der Mönch ohne Gesicht hat einfach die Vokale weggelassen! *Treffpunkt Galgenberg heute Mitternacht* hat er geschrieben", übersetzte der Novize. "Er hat wohl dem Boten nicht getraut und deshalb eine Geheimschrift verwendet."

"Der Galgenberg, wie unheimlich", meinte Jakob. "Ob sie sich da treffen wollen, um die Beute zu teilen? Vielleicht ist ja dort auch der Schatz versteckt!"

"Möglich. Oder der Mönch ohne Gesicht hat sich da verkrochen. Das sollten wir auf jeden Fall überprüfen", schlug Anna vor.

Die Jungen starrten sie entgeistert an: "Du willst doch nicht etwa dahin? Niemand wagt sich zum Galgenberg!"

"Warum nicht? Ich jedenfalls habe keine Angst!", sagte Anna entschlossen.

"Wir müssen aber den Abt informieren!", warf Benni ein.

"Ach was. Das schaffen wir schon allein. Und wenn wir mit unserer Vermutung falsch liegen, kann uns auch niemand auslachen", verteidigte Anna ihre Idee.

Schließlich stimmten Jakob und Benni zu.

„Ich werde heute Abend eine Strohpuppe auf mein Lager im Dormitorium legen, damit niemand mein Ausbüchsen bemerkt", überlegte der Novize. „Aber zur Mette muss ich unbedingt zurück sein!"

Fahl hing der Vollmond am Himmel. Er strahlte ein kaltes, abweisendes Weiß aus, nicht das Gelb, das so oft besungen wurde. Kühl war auch der Wind. Die drei Kinder rückten unwillkürlich zusammen, als sie kurz vor Mitternacht auf dem Pfad Richtung Galgenberg unterwegs waren. Rechts und links säumte ein dichter Wald den Weg. Er wirkte wie eine schwarze, undurchdringliche Wand. Fledermäuse huschten immer wieder über die Köpfe der Wanderer hinweg. Irgendwo – viel zu nah für Jakobs Geschmack – heulte ein Wolf.

Die drei Freunde marschierten schweigend durch

die Nacht. Sogar Felix verhielt sich völlig ruhig. Der Weg führte stetig bergauf. Der Galgenberg lag in der Nähe von Annas Dorf. Schroff erhob er sich aus dem Wald. Ganz oben, weithin sichtbar, ragte der Galgen in den Himmel. Im Mondlicht wirkte er wie der Schatten des Todes. Der Weg auf den Berg war nachts besonders gefährlich. Überall lauerten tiefe Schluchten.

Der Wind nahm zu. Wolken jagten über den Himmel, verdeckten immer öfter den Mond.

Anna räusperte sich und wisperte: „Das Wetter schlägt um. Es wird bald ein Gewitter geben."

Die Jungen nickten. Das hatte ihnen gerade noch gefehlt. Ihre Schritte wurden schwerer. Es kostete sie Überwindung, überhaupt noch einen Fuß vor den anderen zu setzen. Sie näherten sich der Hinrichtungsstätte. Noch hundert Meter, noch fünfzig. Dann waren die Kinder da. Drohend schraubte sich der Galgen vor ihnen in die Höhe. Kalte Sturmböen zerrten an ihren Kleidern. Herbstlaub wirbelte durch die Luft. Ein Grollen, ein Krachen – es begann zu donnern. Felix sprang in Annas Arme.

„Und jetzt?", fragte Jakob. Er zitterte.

Benni deutete auf einen Felsblock: „Dahinter finden wir vielleicht ein wenig Schutz." Die vier Gefährten kauerten sich hin und warteten.

Eine halbe Stunde verging. Dann fielen die ersten Tropfen. Die Kinder hüllten sich in ihre Umhänge, drängten sich aneinander. Plötzlich spitzte Felix die Ohren und begann, leise zu knurren. Die Kinder lauschten angestrengt. Ja, unverkennbar: Hufgetrappel!

Die Freunde lugten über den Felsen. Nichts, nur Schwärze. Da zerriss ein Blitz die Finsternis. Für Sekunden sahen die Gefährten einen Reiter auf einem mächtigen Pferd. Der Mönch ohne Gesicht! Ein wütender Donner folgte.

Im Windschatten eines großen Steins machte der Reiter eine Laterne an. Das Licht tanzte am Fels entlang, und die Freunde ließen sich auf den Boden fallen. Anna drückte Felix dicht an sich. Zu dicht, wie der Hund meinte. Er riss sich los, rannte aus dem Versteck.

„He, wen haben wir denn da?", erklang eine Stimme, die den Kindern irgendwie bekannt vorkam. Anna vergaß jede Vorsicht, spähte erneut über den Felsen und sah, wie sich der Mönch den kleinen Hund schnappte und gegen das Licht hielt. „Dich kenne ich doch!", rief der Mönch, dessen Gesicht von der Kapuze verdeckt war. „Du bist doch die Töle von diesem Bauernmädchen." Er leuchtete die Umgebung ab. „Kommt heraus! Oder ich schneide dem Vieh die

Gurgel durch!" Der Mönch hatte den strampelnden Hund im Genick gepackt und hielt ihn weit von sich.

Anna gehorchte als Erste. Dann kamen auch die Jungen aus der Deckung.

„Zuerst ein Köter", lachte der Mönch, „und dann drei Dummköpfe." Er stellte die Laterne ab und zog sein Schwert. „Aber immerhin habt ihr mein Versteck gefunden. Hier hat mich bislang niemand gesucht, weil alle Angst vor diesem Ort des Todes haben. Doch nun werde ich diese gastliche Stelle verlassen, die wunderbaren Schätze der Sakristei aus ihrem Versteck holen und mich verabschieden müssen. Mein Freund Angilbert ist ja verhindert, nachdem er sich schnappen ließ. Noch ein Dummkopf. Nun, so muss ich nicht mit ihm teilen."

Benni nahm all seinen Mut zusammen: „Wer bist du, dass du es wagst, die Schätze unseres Klosters zu stehlen?"

„Entschuldigt", höhnte der Mönch. „Ich habe mich noch gar nicht vorgestellt." Er zog die Kapuze ab.

Die Kinder fuhren zurück – es war Liafwin, der Spaßmacher!

„Tja, gar nicht komisch, wie? Genauso wie das Wetter", lachte Liafwin hämisch. Inzwischen goss es in Strömen. „Die Rollen des Spaßmachers oder Mönches sind ideal. Man kommt überall hin, wird überall gern gesehen, ist gänzlich unverdächtig. Ideal ist es natürlich, wenn man dann noch ein gieriges Mönchlein wie Angilbert zum Freund hat, der einem die Türen öffnet. Aber ihr werdet verstehen, dass ich es jetzt ein wenig eilig habe." Er packte den Griff des Schwertes fester und zielte auf den Hals des Hundes. „Ich denke, ich fange mit diesem hässlichen Vieh an."

Hässlich? Felix spannte seinen drahtigen Körper wie eine Feder an und entwischte dem harten Griff des Spaßmachers. Dann sprang er den verdutzten Liafwin an und biss ihm tief in die Hand. Der Spaßmacher brüllte auf und ließ die Waffe fallen. Jetzt stürzten sich auch die Kinder auf den falschen Mönch, der das Gleichgewicht verlor und hinfiel. Der kräftige Benni sprang auf Liafwins Brustkorb, Jakob umklammerte seine Beine, und Anna stülpte die Kapuze so über das Gesicht des Spaßmachers, dass dieser nichts mehr sah und kaum noch Luft bekam. Das Mädchen zog aus ihrem Kittel einen Kälberstrick, mit dem sie Liafwin fesselten. Er zappelte wie ein Fisch im Netz. Die Gefährten schleiften den Dieb zu dem Felsen und lehnten ihn mit dem Rücken dagegen.

„Tja, hässlich darf man den süßen Felix eben nicht nennen!", keuchte Anna erschöpft, aber zufrieden. Sie drückte ihm einen dicken Kuss aufs nasse Fell.

„Jetzt müssen wir nur noch das Diebesgut finden!", rief Jakob. „Bloß, wo sollen wir mit der Suche beginnen?"

Da ließ Liafwin ein irres Lachen ertönen und dichtete:

„Eure törichte Hatz
führt doch nie zum Schatz!
Denn ihr seid kleine Kinder
und keine großen Finder!"

Benni wurde zornig: „Das wollen wir erst einmal sehen! Kommt, wir durchsuchen den elenden Kerl."

In der Tasche seiner Kutte stießen die Freunde auf eine Karte. Sie hielten sie in das flackernde Licht.

„Mensch, das ist das Dorf!", rief Anna. „Da ist der Weiher, da der Bach, dort die alte Römerstraße. Und hier, hier ist unser Hof!" Sie wandte sich an Liafwin: „Hast du den Schatz etwa im Dorf versteckt? Raus mit der Sprache!"

Doch der Spaßmacher spottete nur weiter:

„Zu gut ist mein Versteck,
gebt's auf, seid so nett!"

Jakob ballte die Fäuste: „Sollen wir ihn knebeln?"

„Lass ihn doch schnattern!", winkte Benni ab. „Die Scherze werden ihm schon vergehen, wenn er vor dem Abt steht. Wir binden Liafwin auf den Rappen und bringen ihn ins Kloster."

Mit vereinten Kräften wuchteten die Kinder den gefesselten Spaßmacher auf das Pferd und ließen den ungastlichen Ort, so schnell es ging, hinter sich. Die drei merkten jetzt, wie erschöpft und müde sie waren. Nur Liafwin dichtete weiter vor sich hin. Es klang fast fröhlich, als er sprach:

„Ein jeder liebt dies kühle Nass,
dabei ist's kein Bier vom Fass.
Um sich daran zu laben,
musste man einst tief graben.
Es ist so klar und auch so rein,
darin sollte mein Verstecke sein.
Doch findet's ihr nicht im Fluss,
auch der See bringt nur Verdruss!"

Anna hörte nachdenklich zu. Was meinte Liafwin? Redete er nur Unfug? Nein, das glaubte sie nicht, dafür war der Mönch ohne Gesicht zu durchtrieben. Aber auf was spielte er an? Ihr fiel der Lageplan vom Dorf ein. Dort, irgendwo dort, hatte der Dieb die Beute versteckt. Davon war Anna überzeugt. Nur wo? Das Mädchen murmelte die Worte nach, die der Spaßmacher gerade gesagt hatte. Wieder und wieder. Bis sie plötzlich einen Schrei ausstieß.

„Licht, schnell! Gebt mir die La-La-Laterne!", stammelte sie vor Aufregung. Die Freunde gehorchten irritiert. Im Schein der Laterne beugten sie sich über das Pergament. „Hier ist der Schatz versteckt!", meinte das Mädchen mit Überzeugung. Sie deutete auf eine Stelle des Plans.

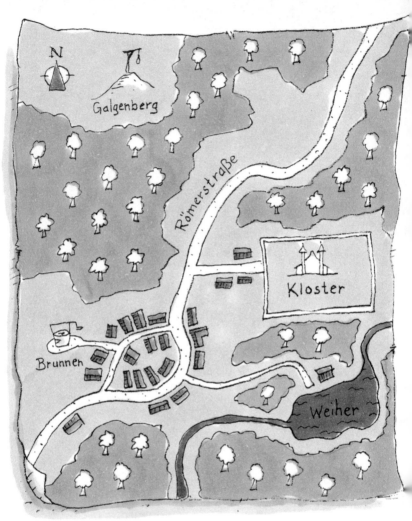

? *Wo hat Liafwin die Schätze versteckt?*

Jedem das seine!

"Mit *kühlem Nass* meinte Liafwin das Wasser!", erklärte Anna aufgeregt. "Mit *tief graben* sprach er den Brunnen an. Dort hat er die Beute versteckt. Seht, den Brunnen hat er auch auf seinem Plan eingezeichnet! Kein schlechtes Rätsel, aber nicht rätselhaft genug für uns!" Sie tanzte lachend vor der Nase des gefesselten Diebes herum, der plötzlich finster dreinblickte.

"Aber im Wasser werden die schönen Bücher doch zerstört!" Benni war entsetzt.

"Keine Sorge. Der Brunnen ist schon lange versandet."

"Na, dann sollten wir einen kleinen Umweg machen!", rief der Novize begeistert.

"Genau!", stimmte Jakob zu. "Wir liefern nicht nur den Dieb, sondern auch seine Beute ab. Auf ins Dorf!"

Nach einer halbe Stunde erreichte der seltsame Zug die ersten Höfe. Der kleine Ort lag in tiefem Schlaf. Unbemerkt erreichten die Kinder den Brunnen.

"Lasst mich an der Kette runter. Und gebt mir die Laterne mit", meinte Anna. Sie setzte sich rittlings auf den Holzeimer. Vorsichtig drehten die Jungen an der Kurbel, die sich mit einem fürchterlichen Quietschen in Bewegung setzte. Langsam verschwand Anna in der Tiefe. Felix stand am Rand und winselte.

„Hoffentlich geht das gut", flüsterte Jakob.

„Vertraue in Gott", beruhigte ihn Benni.

Jakob grinste in der Dunkelheit: „Tu ich ja. Aber der Herr hat diese Kette nicht gefertigt. Sie ist völlig verrostet. Möge sie das Gewicht aushalten!"

„Sie wird, verlass dich drauf", gab Benni zurück.

„He, ich bin unten!", hallte Annas Stimme kurz darauf aus der modrigen Finsternis. Sie stieg vom Eimer. Der Untergrund war weich und feucht, gab bei jedem Schritt mit einem Schmatzen nach. Etwas huschte über die nackten Füße des Mädchens. Ratten! Anna schloss die Augen. Ruhig bleiben ... Sie hielt die Laterne hoch über ihren Kopf. Da, mehrere lose Steine! Das Mädchen rüttelte daran, bis sie herunterfielen. Dann fasste Anna in das Loch. Ihre Finger erreichten etwas, das sich anfühlte wie eine Kiste. Plötzlich war da ein entsetzliches Kribbeln. Rasch zog sie den Arm zurück. Ein Strom von Asseln wimmelte auf ihm. Anna schrie auf und schüttelte sich.

Du schaffst das schon!, feuerte sich das Mädchen an und griff ein zweites Mal in das Loch, diesmal mit beiden Armen. Anna bekam die Kiste zu fassen und riss sie nach draußen. Der Fund war so schwer, dass er ihr aus den Händen glitt. Die Kiste polterte auf den Boden, der Deckel schnappte auf, und Anna war geblendet: Mit Gold, Silber und Edelsteinen geschmückte Schalen, Kelche, Kruzifixe, Monstranzen und Bücher funkelten vor ihr in einmaliger Pracht und Schönheit. Der Schatz des Klosters!

Am nächsten Morgen herrschte im Kloster Festtagsstimmung. Sogar die Schule fiel aus. Alle fieberten der Ankunft von Karl dem Großen entgegen. Jeden Moment musste der Kaiser eintreffen. Und mit ihm sein großes Gefolge aus Kriegern, Klerikern, Schreibern, Dienern, Knechten und Mägden.

Der Abt stand allein in der Sakristei und betete still. Alle Schätze waren an ihrem Platz. Richbod dankte dem Herrn für diese göttliche Fügung, aber auch für den außerordentlichen Mut der Kinder. Er beschloss, entgegen der strengen Regeln des Klosters den Novizen Benedictus nicht für seinen erneuten nächtlichen Ausflug zu bestrafen.

Auch Theodulf, der Bibliothekar, war glücklich. Er lief aufgeregt zwischen der Bibliothek und dem Skriptorium auf und ab und kontrollierte immer wieder seine Schriften. Ein paar besonders schöne, reich verzierte Bücher in der Minuskelschrift hatte er so gestellt, dass sie der Kaiser gleich sehen musste, wenn er hereinkam. Da Karl der Große ein Mann war, der Bildung viel Bedeutung beimaß, würde er sicher Theodulfs Reich besuchen. Versonnen hielt Theodulf an einem Schreibpult im Skriptorium inne. Darauf ruhte eine herrliche Schrift, ein Evangeliar. Ganz leicht, fast zärtlich fuhr Theodulf über den Einband, auf dem prächtige Metallbeschläge glänzten. Ja, der Kaiser konnte kommen!

In der Tür zur äußeren Schule lehnte der Lehrer Udalrich und hielt seinen beachtlichen Bauch in die milde Herbstsonne, die dem nächtlichen Gewitter gefolgt war. Er war froh, dass er sich heute einmal nicht mit den widerspenstigen Schülern herumschlagen musste. Ausgerechnet Jakob war also einer der Helden, dachte der Lehrer. Das machte Udalrich ein wenig stolz. Offenbar war doch etwas von dem brillanten Unterricht, an dem er den Jungen teilhaben ließ, hängen geblieben. Ein kluges Kerlchen war dieser Jakob, das hatte der Lehrer ja schon immer gewusst. Nur wenn das Gespräch auf die großen römischen Dichter kam, sollte der Junge am besten immer schweigen. Ja, Udalrich war mit sich und der Welt zufrieden. Außerdem freute er sich auf das Festmahl, das zu Karls Ehren ausgerichtet wurde. Die Köche gaben ihr Bestes, davon durfte man getrost ausgehen. Udalrich klopfte in freudiger Erwartung auf seinen Bauch.

Die drei Freunde saßen auf einer Anhöhe beim Klostereingang. Immer wieder spähten sie den gewundenen Weg hinunter, auf dem Karl der Große kommen musste.

„Na, wie sehe ich aus?", fragte Anna zum wiederholten Male. Sie drehte sich in neuen Kleidern und Schuhen vor den Jungen. In ihrem Haar funkelte eine silberne Spange. Felix sprang aufgeregt um sie herum.

„Wunderbar, wie eine Prinzessin!", lobten Jakob und Benni. Sie hatten dem Mädchen ihre Anteile an der Belohnung, die auf die Ergreifung des Mönchs ohne Gesicht ausgesetzt gewesen war, geschenkt.

Benni hatte sich als Novize ohnehin zum Verzicht auf irdische Güter verpflichtet. Und Jakob hatte für sich entschieden, dass die Tochter eines armen Bauern das Geld eher nötig hatte als der begüterte Sohn eines Adligen.

„*Et cuncta erant bona!*", meinte Benni.

„Wie bitte?", fragte Jakob.

„Und alles war gut!", übersetzte der Freund. Benni lachte schallend: „Du wirst es nie lernen, du bist wirklich ein hoffnungsloser Fall!"

„*Suum cuique!*", konterte Jakob elegant. Jedem das seine. Er sprang auf: „Denn ich hab wenigstens Augen im Kopf. Schaut: Da kommt der Kaiser!"

Lösungen

Der Raub
Die Scherben lagen vor dem Fenster. Das heißt, dass das Fenster von innen eingeschlagen wurde.

Drei unter Verdacht
Die Aussage der Kräuterfrau barg einen interessanten Hinweis: Der Mönch, der die Frau fast über den Haufen ritt, trug eine Kette. Mönchen war jedoch das Tragen von Schmuck untersagt. Es musste sich also um einen falschen Mönch handeln, dem die Kräuterfrau begegnete.

Nachts auf dem Friedhof

Brennende Augen
Auf dem Pergament stand: Der Schatz der Sakristei.

Rätselhafte Zeichen
Zur Prim, etwa gegen sieben Uhr – nach der Zeitrechnung der Mönche. Angilbert zeigte eine Eins und das Zeichen für Beten.

Auf der Lauer
Angilbert hat die Sakristei nicht wieder verschlossen.

Eine geheimnisvolle Botschaft
Angilbert bestand darauf, dass er mit dem Mönch ohne Gesicht nichts zu tun hatte. Dass es sich bei dem Täter um diesen falschen Mönch handelte, hatte aber bisher niemand in Angilberts Beisein erwähnt.

Jagdzeit auf dem Markt
Die Nachricht lautet: Treffpunkt Galgenberg heute Mitternacht.

Nachts am Galgenberg
Liafwin spielte mit seinen Versen auf den Brunnen an, der auf dem Plan eingezeichnet ist.

Glossar

Abt: Vorsteher, Leiter einer Gemeinschaft von Mönchen
Arithmetik (gr.): Zahlenlehre, Teilgebiet der Mathematik
Bänkelsänger: Sänger, der vorwiegend auf Jahrmärkten auftrat und zu seinen Liedern eine Abfolge von Bildern zeigte
Cicero: bedeutender römischer Redner, Dichter und Staatsmann, lebte von 106 bis 46 v. Chr.
Dormitorium: Schlafsaal der Mönche
Evangeliar (evangelion = gute Kunde): liturgisches Buch mit dem vollständigen Text der vier Evangelien (Markus, Matthäus, Lukas, Johannes); früher kostbar ausgestattet
Hausmeier: der oberste Hof- und Staatsbeamte des Fränkischen Reichs zur Zeit der Merowinger
kanonisches Recht: Kirchenrecht, das das Leben in der kirchlichen Gemeinde regelt
Kleriker: Geistlicher
Komplet: Nachtgebet, je nach Jahreszeit zwischen 18 und 20.30 Uhr
Konvent: Versammlung der stimmberechtigten Mitglieder eines Klosters
Kreuzgang: Wandelgang um einen viereckigen Klosterhof
Latrine: Toilette, Senkgrube
liturgisch, Liturgie: Kultfeier, der amtliche Gottesdienst der christlichen Kirche

Mette: Nachtgottesdienst, gegen zwei Uhr morgens
Minuskelschrift: Schrift, die im Unterschied zur Majuskelschrift Ober- und Unterlängen aufweist
Monstranz: liturgisches Schaugefäß der katholischen Kirche, in dem die geweihte Hostie aufbewahrt wird
Novize: Kandidat für die Aufnahme in ein Kloster. Das Noviziat dauert ein bis zwei Jahre.
Ovid: berühmter römischer Dichter, lebte von 43 v. Chr. bis etwa 18 n. Chr.
Paramente: liturgische Gewänder, kirchliche Textilien aller Art
Pergament: Beschreibstoff, bevor das Papier aufkam, hergestellt aus ungegerbten, geschabten und geölten Tierhäuten
Refektorium: Speisesaal der Mönche
Sacratarius: Mönch, der für den Unterhalt und die Ausstattung der Kirche und der Sakristei verantwortlich war
Sakristei: Nebenraum der Kirche zur Vorbereitung der Gottesdienste
Skriptorium: Schreibstube
Vergil: römischer Dichter, lebte von 70 bis 19 v. Chr., gilt als der beste Dichter der römischen Antike

Zeittafel

687–714	Pippin II. ist Hausmeier am Hof der Merowinger.
714–741	Karl Martell, unehelicher Sohn Pippins II., wird nach dessen Tod Hausmeier.
737	Karl Martell regiert ohne merowingischen König.
747–768	Nach dem Eintritt seines Bruders in ein Kloster wird Pippin III., Sohn Karl Martells, Alleinherrscher des Frankenreichs (751). Er wird vom Papst als König bestätigt.
ab 768	Karl der Große regiert nach dem Tode seines Vaters Pippin III. und seines Bruders Karlmann († 771) das Frankenreich.
772–804	Sachsenkriege
773–774	Eroberung des Langobardenreichs
789–812	Slawenkriege: Die Wilzen, Sorben und Tschechen werden tributpflichtig gemacht.
791–796	Unterwerfung der Awaren: Das Gebiet von der Odermündung bis zur Adria gehört nun zum Reich Karls des Großen.
795	Errichtung der spanischen Mark
798	Karl der Große ordnet in der *Admonitio Generalis* an, dass die Geistlichen in Klöstern oder Bischofssitzen Leseschulen für die Jungen einrichten.
25.12.800	Kaiserkrönung Karls des Großen durch Papst Leo III.
812	Vertrag von Aachen: Karl der Große wird vom oströmischen Kaiser Michael I. gegen Herausgabe Venetiens, Istriens und Dalmatiens als Kaiser anerkannt.
28.01.814	Karl der Große stirbt in Aachen und wird in der Pfalzkapelle beigesetzt.

Karl der Große und seine Zeit

Die Reformen

Karl der Große war ein Mann der Bildung und ein Reformer. Er verfügte über hervorragende Sprachkenntnisse (darunter Latein). Karl der Große erkannte die Wichtigkeit von Bildung und Kultur und gab diesen Dingen, zumindest in späteren Jahren, mehr Gewicht als dem Schwert. Es ist fast unglaublich, welche Flut von Gesetzen und Erlässen auf Karl zurückgeht:

Karl sorgte dafür, dass Schulen eingeführt wurden, um den Adel zu bilden (fränkische Bildungsreform). Er selbst blieb sein Leben lang so wissensdurstig, dass er noch im hohen Alter schreiben lernte. Karl ließ Stammesrechte aufzeichnen und sanierte das völlig chaotische Geldwesen (verbindliche Einführung des Silberdenars im gesamten Reich). Er reformierte durch die Einführung der karolingischen Minuskelschrift die lateinische Schriftsprache. Karl überarbeitete auch das Heereswesen und das Gerichtswesen: Landgrafen mussten eine bestimmte

Anzahl von Wehrpflichtigen stellen, und bei Gericht wurden Schöffen eingeführt.

Das Regierungssystem

Um seine Ideen und Pläne umsetzen zu können, umgab sich Karl mit gebildeten Männern, einem Beraterforum, an seinem Hof (Palatium). Der Herrscher erweiterte die klassischen Hofämter aus der Merowingerzeit (Seneschalk, Kämmerer, Mundschenk, Stallgraf) um das des obersten Hofkapellans.

Ein Geistlicher war der einflussreichste Berater an Karls Hof: Alkuin von York. Dieser war auch der Verfasser der Lehrbücher, die an den klösterlichen Schulen wie der des heiligen Martin in Tours Verwendung fanden.

Ein weiterer wichtiger Mann an der Seite Karls war Einhard, sein Biograf. Einhard haben wir viele Informationen über Karl den Großen zu verdanken.

Die Aufgaben der Gelehrten bestanden vor allem darin, die Pläne Karls in Mustertexte umzusetzen, die an die Kloster verschickt wurden, die dieses Wissen weitergaben.

Um das immer größer werdende Reich überhaupt regieren zu können, führte Karl die Königsboten ein (missi dominici). Diese reisten meist zu zweit (ein geistlicher und ein weltlicher Vertreter) und setzten Anweisungen des Königs vor Ort durch.

Die Nachkommen

Karl war viermal verheiratet und hatte mindestens 18 Nachkommen. Die meisten seiner Kinder und Enkel durften an seinem Hof leben und genossen eine ausgezeichnete Erziehung. Ausnahme war der älteste Sohn Pippin der Bucklige, der nach einer missglückten Revolte in Klosterhaft saß.

Karl der Große erreichte ein für die damalige Zeit sehr hohes Alter, er lebte von 742 bis zum 28. Januar 814. Daher blieb es nicht aus, dass er einige seiner Kinder überlebte, darunter 810 die geliebte Tochter Rothrud. 811 starb auch Karl der Jüngere, der als Nachfolger auf dem Kaiserthron vorgesehen war. Es blieb nur noch Sohn Ludwig übrig, der als König Aquitanien regierte und dem man nicht allzu viel zutraute. 813 spürte Karl der Große offenbar sein Ende nahen. Ludwig wurde an den Aachener Hof geholt, wo ihn die von Karl einberufene Reichsversammlung als Kaiser bestätigte.

Nach seinem Tode wurde Karl der Große in der von

ihm errichteten Aachener Pfalz beigesetzt – als erster und einziger Karolinger, was seine Ausnahmestellung unterstreicht.

Karls Nachfolger hatten es schwer, denn bereits zum Ende der Regierungszeit von Karl dem Großen hatte es in der Politik einen gewissen Stillstand gegeben. Militärische Aktionen hatten nur noch Verteidigungscharakter, einige Reformen waren im Ansatz stecken geblieben. Kein leichtes Erbe für Ludwig. Dieser geriet unter starken Einfluss des Papstes und erhielt den Beinamen der Fromme. Weder Ludwig noch einer seiner Nachfolger erreichten je das Format und den Einfluss von Karl dem Großen.

Warum wurde Karl „der Große" genannt?

Es waren nicht nur die Reformen und seine überaus erfolgreiche Regierungszeit, weshalb Karl „der Große" genannt wurde. Auch körperlich überragte er die meisten seiner Mitmenschen. Er war ein sehr guter Krieger, der mehr als die Hälfte seines Lebens im Sattel bei Kämpfen verbrachte.

Karl der Große hatte das Glück, zu einem denkbar günstigen historischen Zeitpunkt geboren zu werden.

Seine Vorfahren hatten ihm den Weg zur Größe geebnet. So war es Pippin II. als Hausmeier am Hof der Merowingerkönige gelungen, die großen innerfränkischen Adelsstreitigkeiten zu schlichten (687 bei Tertry). Karl Martell hatte mit seinem Sieg bei Tours und Poitiers die arabische Gefahr gebannt (732), und Pippin III., der Vater Karls des Großen, wurde 751 zum König erhoben und vom Papst bestätigt.

Somit hatte Karl beste Voraussetzungen, das Frankenreich systematisch auszudehnen: Langobarden, Bayern, Awaren und auch die wehrhaften Sachsen wurden unterworfen.

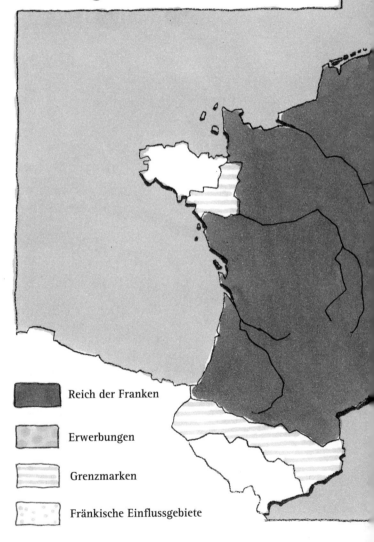

Das Reich zur Zeit Karls des Großen

- Reich der Franken
- Erwerbungen
- Grenzmarken
- Fränkische Einflussgebiete

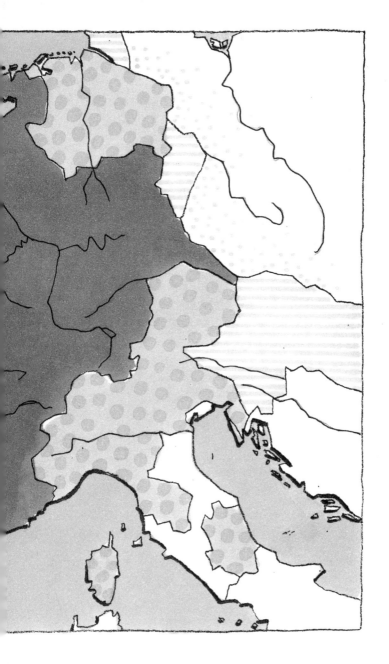

Fabian Lenk wurde 1963 in Salzgitter geboren. Der Musik-, Brettspiele- und Fußball-Fan studierte in München Diplom-Journalistik und Politik und ist heute als Redakteur tätig. Er hat seit 1996 sechs Kriminalromane für Erwachsene veröffentlicht, schreibt aber besonders gern für Kinder und Jugendliche. Fabian Lenk lebt mit seiner Familie in Norddeutschland.

Christian Zimmer wurde 1966 in Nordkirchen geboren. Er studierte Design in Münster und arbeitet seitdem als Grafiker und Illustrator. Wenn er nicht gerade Hasen, Hühner oder Sonstiges zeichnet, macht er auch gerne laute Musik.